Die Entführung und Ermordung
des Hanns-Martin Schleyer

Die Entführung und Ermordung des Hanns-Martin SCHLEYER

Eine dokumentarische Fiktion
von Peter-Jürgen Boock

Eichborn.

Die in diesem Buch wiedergegebenen Positionen sind in einer Ausnahmesituation entstanden, soweit sie den Anspruch auf Dokumentation erheben, was die Person Hanns-Martin Schleyer angeht, unter Androhung von Gewalt gemacht, soweit sie fiktiv sind, vom Autor erfunden. Der Verlag hat sich zur Publikation entschlossen, weil er in dieser ersten Darstellung der Innensicht eines der wichtigsten historischen Ereignisse der Bundesrepublik Deutschland einen Beitrag zur Zeitgeschichte sieht.

Umschlaggestaltung: Christina Hucke
Satz: Satz für Satz. Barbara Reischmann, Leutkirch
Druck und Bindung: GGP Media, Pößneck
ISBN 3-8218-3976-7

Verlagsverzeichnis schickt gern:
Eichborn Verlag, Kaiserstraße 66, D-60329 Frankfurt
www.eichborn.de

INHALTSVERZEICHNIS

DIE STILLE IM AUGE DES STURMS

Einen besonderen Platz in meinen Erinnerungen an die Wochen der Entführung Hanns-Martin Schleyers nehmen die Nächte ein. Der Raum war meist nur erleuchtet vom schwächlichen, indirekten Licht einer Nachttischlampe. Die Gespräche unter uns, den Entführern, und mit dem Gefangenen wurden möglichst leise geführt, alles klang gedämpft, jeder achtete darauf, laute Geräusche zu vermeiden. Verglichen mit der hektischen Nervosität und der Anspannung am Tag eine beinahe unwirklich ruhige Atmosphäre.

Zwischen Mitternacht und Morgengrauen hörten wir aufmerksamer zu, waren wir offener und argumentierten sachlicher als bei den Diskussionen am Tag. Eine merkwürdige Folge dieser Atmosphäre bestand darin, daß wir bei der Einteilung der Nachtwache für die Zeit zwischen Mitternacht und vier Uhr früh kaum Schwierigkeiten hatten. Nach nur wenigen Nächten mit Hanns-Martin Schleyer in der ersten Wohnung in Erftstadt-Liblar wurde es für diejenigen von uns, die nicht über Nacht etwas vorbereiten oder wegen der Aktivitäten des folgenden Tages unbedingt schlafen mußten, zur Gewohnheit, sich zu den Gesprächen während der ersten Stunden nach Mitternacht dazuzusetzen. Von diesen Gesprächen ging eine Faszination aus, der sich auch jene unter uns kaum entziehen konnten, für die der Gefangene anfangs nur die Inkarnation alles Bösen war.

Während des Tages drehte sich meist alles um den Fortgang der Verhandlungen mit BKA und Bundesregierung. Die ununterbrochene

Anspannung, unter der wir standen, die ständig erforderliche Rundherum-Aufmerksamkeit zerrte an den Nerven aller und machte sich zunehmend in aggressiven Auseinandersetzungen unter uns Bewachern Luft. In den Nächten dagegen gab es – außer dem Rhythmus beim Wachwechsel – kein festes Programm. Die Themen der Gespräche ergaben sich aus der Stimmung, aus der Neugier, aus der Suche nach Verständigung zwischen dem Gefangenen und uns. Es gab eine stillschweigende Übereinkunft, den Stand der Dinge, die täglichen Verhandlungen um Leben und Tod, nicht zum Inhalt dieser Gespräche werden zu lassen.

Auch Hanns-Martin Schleyer verhielt sich in diesen nächtlichen Runden gelöster. Während ich den Eindruck hatte, daß er tagsüber jede Frage, jede Antwort, jede Reaktion von unserer Seite sorgfältig analysierte und abwägte, ließ er sich in den Nächten häufig spontan auf Auseinandersetzungen ein, die er bei Tag eher vermieden hätte.

Schlaf schien Schleyer wenig zu brauchen. Es reichten vier oder fünf Stunden, zur Not auch in Intervallen, ohne daß ich ihm eine größere Erschöpfung oder eine besondere Anspannung angemerkt hätte. Während wir zunehmend Mühe hatten, die Stimmungsschwankungen untereinander auszugleichen, uns nicht vor seinen Ohren lautstark anzufahren, zu unterbrechen oder zu widersprechen, blieb er in aller Regel leise und höflich, versuchte in zugespitzten Situationen zu vermitteln.

Die Position der moralisch Besseren und Stärkeren, die sich ihrer gerechten Sache sicher sind und noch dazu die Macht in den Händen haben, konnten wir Schleyer gegenüber kaum über die ersten Tage retten. Die Devise, »sich bloß nicht mit diesem Schergen gemein machen«, machte bei fast allen schnell einer mehr oder weniger respektvollen Zurückhaltung dem Gefangenen gegenüber Platz.

Hanns-Martin Schleyer versuchte, seine Interessen zu wahren, ohne uns allzusehr vor den Kopf zu stoßen. Er bat uns selten um etwas, war andererseits aber auch nicht bereit, alles, was wir vorschlugen, kritiklos auszuführen. Er zwang uns durch seine Antworten mit jedem Tag mehr, von unseren Vorstellungen und Vorurteilen Abschied zu nehmen, auch wenn wir das unter uns nicht zugeben konnten. Wer sich an den linken Politjargon der 70er Jahre des 20. Jahrhunderts und seine stereotypen Denk- und Argumentationsmuster erinnert, wird diesen rückblickend – wie ich – intellektuell und sprachlich schwer erträglich bis peinlich finden.

Wir hatten bei den Vorbereitungen der Entführung ausführlich über das Problem diskutiert, wie sich der psychologische Effekt der Täter-Opfer-Identifikation vermeiden ließ, wenn sich höchstens vier oder fünf von uns bei der Bewachung der Geisel ablösen könnten. Wie konnten wir in dieser Situation unvermeidlicher Nähe möglichst viele Informationen aus dem Gefangenen herausholen und andererseits die nötige Distanz wahren?

Wir hatten uns darauf verständigt, im Umgang mit dem Gefangenen Disziplin zu wahren, uns wechselseitig zu kontrollieren und keine Vertraulichkeiten zuzulassen.

In der Praxis des täglichen Umgangs miteinander begannen die Kompromisse aber schon am zweiten Tag. Wir mußten uns bald eingestehen, daß Hanns-Martin Schleyer, den wir wegen seiner körperlichen Proportionen in Verniedlichung des Wortes Spindel unter uns »Spindy« nannten, uns nach einem Austausch mühelos würde identifizieren können. Da der Gefangene bereits bei dem Überfall drei von uns gesehen hatte, erschien es nicht mehr notwendig, uns die ganze Zeit mit lästigen Skimasken zu tarnen. Ohne die übliche Diskussion haben wir die Masken einfach weggelassen.

Am deutlichsten wurden die Veränderungen im Umgang mit dem Gefangenen aber in den politischen Diskussionen, die wir mit ihm zu führen versuchten. Sie waren von uns anfänglich als »Verhöre« gedacht, in denen wir, die Bewacher, die Fakten kannten, die Fragen stellten und alles uns brauchbar Erscheinende aus seinen Anworten abschöpfen wollten. Für uns war er der NS-Studentenführer, der SS-Mann, der zuständig gewesen war für das reibungslose Funktionieren der Nazi-Kriegswirtschaft im Protektorat Böhmen und Mähren. Daß er nach dem Krieg, ohne je wirklich belangt worden zu sein, innerhalb kürzester Zeit wieder zu den führenden wirtschaftlichen Köpfen gehörte, rundete dieses Bild nur ab.

Bei dieser Ausgangslage schien es uns nicht schwierig zu sein, Hanns-Martin Schleyer dazu zu bringen, sich rechtfertigen zu müssen. Um diesen Prozeß für die weitere Aufklärung und für die Agitation nutzen zu können, haben wir die »Verhöre« aufgezeichnet.

Diese Bänder könnten noch existieren, und sollten sie je aufgefunden werden, so wird sich anhand dieser Aufzeichnungen ermessen lassen, wie gut oder schlecht es mir gelungen ist, die Stimmungen, Wendungen und inhaltlichen Entwicklungen unserer Gespräche mit Hanns-Martin Schleyer zu skizzieren.

Rückblickend denke ich, daß Hanns-Martin Schleyer bei diesen Gesprächen mehr über uns erfahren hat als wir über ihn, daß er weit häufiger unser Unwissen entlarvt hat, als es uns gelungen wäre, von seinem Wissen zu profitieren.

Über den gesamten Zeitraum der Entführung Hanns-Martin Schleyers vom 5. September bis zum 19. Oktober 1977 hinweg waren es drei Räume in drei Wohnungen in drei Städten in drei Ländern, in denen sich die Konfrontation zwischen uns – vertreten durch vier bis fünf Kommandomitglieder – und unserem Gefangenen abspielte. Ich selbst gehörte von den 43 Tagen der Entführung an 14 Tagen bzw. Nächten bis gegen Ende September zu Schleyers Bewachern. In dieser Zeit und in diesen Gesprächen wurde meiner Erinnerung nach vieles thematisiert, was sich an deutscher Geschichte in den beteiligten Personen manifestiert hat. Natürlich ist es mir nach fünfundzwanzig Jahren nicht mehr möglich, auch nur einen Satz im wirklichen Wortlaut wiederzugeben. Ich erinnere mich aber noch an viele Themen, an einige kleine und große Zwischenfälle, an die Stimmungen in bestimmten Situationen und an den groben Verlauf der Geiselhaft Hanns-Martin Schleyers.

Die Entführung und Ermordung Hanns-Martin Schleyers war für mich der Anfang vom Ende meiner eigenen Mitgliedschaft in der Roten Armee Fraktion. Der blutige Herbst vor 25 Jahren, der mit der Befreiung der Geiseln aus der entführten Lufthansa-Maschine »Landshut« in Mogadischu durch die GSG 9 und dem Selbstmord der RAF-Mitglieder sein Ende fand, war auch der Wendepunkt für die militante Linke und den Ansatz Stadtguerilla in Deutschland. Die RAF ist nicht nur an der harten Haltung der Regierung Schmidt, sondern auch an der Person Hanns-Martin Schleyers gescheitert. Die Verhörversuche und Gespräche mit ihm spiegeln vorwegnehmend das, was die RAF erst 20 Jahre später in ihrer Auflösungserklärung einzugestehen vermochte.

Wenn ich im folgenden versuche, aus meinen Erinnerungen einen Teil der Auseinandersetzung in wörtlicher Rede zu rekonstruieren, dann um dem Bild dieser Ereignisse, das bisher vor allem bestimmt war durch die Prozeßberichterstattung und Rekonstruktionsversuche, eine ergänzende Perspektive aus der »Innensicht« zu geben.

Bei dieser dokumentarisch-fiktiven Montage kann ich nicht ausschließen, daß in meiner Erinnerung einige der beschriebenen Situationen zeitlich oder auch inhaltlich durcheinander geraten sind. Ich ordne Gedanken und Argumente den auf Seiten der RAF agierenden Personen willkürlich zu. Ich erinnere mich zwar noch, welche Positionen von uns vertreten wurden, aber wer genau wann welches Argument konkret ins Feld geführt hat, weiß ich natürlich nicht mehr. Um es noch einmal deutlich zu sagen: Ich versuche in **meine** Worte zu fassen, woran **ich** mich nach 25 Jahren noch zu erinnern vermag.

Ich habe mich seit einigen Jahren mit dem Gedanken getragen, eine Innensicht der damaligen Ereignisse zu Papier zu bringen. Daß ich diese Absicht erst jetzt realisiere, liegt zum einen auch daran, daß ich zurückgeschreckt bin davor, die damaligen Ereignisse noch einmal so nah an mich herankommen zu lassen. Die Suche nach einer geeigneten Form hat aber auch etliche Zeit in Anspruch genommen. Weil diese Ereignisse für mich nur im Genre einer »dokumentarischen Fiktion« darstellbar waren, mußte ich aus rechtlichen Gründen allen auf Seiten der RAF Handelnden fiktive Namen geben.

Es war meine Generation, die von den Müttern und Vätern Auskunft darüber eingefordert hat, wie es zu den Verbrechen der NS-Zeit hatte kommen können. Gemessen an diesem Anspruch ist die Bereitschaft militanter Linker, über die Verbrechen des bewaffneten Kampfes Rechenschaft abzulegen, auch 25 Jahre nach dem Höhepunkt dieses Irrwegs, nicht besonders groß. Vielleicht kann mein Versuch, das Geschehen des Herbstes 1977 aus einer anderen Perspektive zu beschreiben, etwas dazu beitragen, diese Diskussion nicht versickern zu lassen.

ZU MEINER PERSON: Ich wurde 1951 im Städtchen Garding in Schleswig-Holstein geboren und lebte dort unter der Obhut meiner Großmutter, bis ich im Alter von sieben Jahren von meinen Eltern nach Hamburg geholt wurde.

Zwischen meinem 14. und 15. Lebensjahr kam es, nicht untypisch für meine Generation, immer häufiger zu aggressiven Streitereien mit meinen Eltern. Mein Vater war im Dritten Reich Berufssoldat. Diese Auseinandersetzungen steigerten sich so sehr, daß ich es irgendwann unerträglich fand und nur noch weg wollte. So floh ich mit 15 Jahren das erste Mal und mit 16 erneut aus dem Elternhaus – zu dieser Zeit wurde man erst mit 21 volljährig. Meine Eltern ließen mich zur Fahndung ausschreiben. Ich wurde schließlich in Den Haag, wo ich fast ein Jahr in einer Wohngemeinschaft gelebt hatte, verhaftet. Nach meiner Rückführung in die Bundesrepublik wurde ich – auch weil in Holland bei meiner Verhaftung Haschisch bei mir gefunden worden war – in ein geschlossenes Erziehungsheim eingewiesen.

Wenig später brach in dem für seine Brutalität unter Jugendlichen berüchtigten Erziehungsheim Glückstadt ein Aufstand aus, bei dem ein Flügel des Heims fast ausbrannte und ein Jugendlicher durch einen zweifelhaften Selbstmord starb. Die drei nördlichen Bundesländer, aus denen die meisten Insassen stammten, setzten eine Untersuchungskommission ein. Kurz bevor diese Kommission in Glückstadt eintraf, wurden über Nacht all jene verlegt, von denen die Heimleitung annahm, sie könnten den Mut haben, ihrer Version des Geschehens zu widersprechen. Ich gehörte zu den Verlegten.

In dem Heim in der Nähe von Kassel, in das ich überführt worden war, lernte ich nach etwa 14 Tagen Andreas Baader, Gudrun Ensslin und Thorwald und Astrid Proll kennen, die – gemeinsam mit Studenten der Frankfurter Uni – im Rahmen einer bundesweiten »Heimkampagne« Kontakte zu den Insassen verschiedener Heime aufbauten. Während die linken Pädagogik- und Sozialpädagogikstudenten anfänglich die Reform der Heime propagierten, lenkten Gudrun und Andreas das Gespräch hin zur Frage, was wir, die Insassen, eigentlich für Forderungen hätten. Die Mehrheit wollte raus aus den im Abseits gelegenen »Vorschulknästen«, wollte selbstverwaltete Wohnungen in den Städten. Der studentische »Reformfraktion« blieb, auch nach dem eigenen Selbstverständnis, kaum etwas anderes übrig, als sich dem anzuschließen. Nach einigen weiteren Treffen und Gesprächen mit den – unter uns Jugendlichen nur »die Brandstifter« genannten – späteren RAF-Gründern floh ich aus Rengshausen und ging in der festen Absicht nach Frankfurt, mit diesen Leuten zusammen leben und kämpfen zu wollen.

Es war nicht meine Entscheidung, daß ich schließlich nicht mit Ensslin, Baader und den anderen RAF-Gründungsmitgliedern zur militärischen Ausbildung nach Jordanien und dann in den Untergrund gegangen bin. Zu meiner Enttäuschung lehnten sie mich dafür, weil zu jung, zu unerfahren und zu unsicher, ab. Als sie aber verhaftet wurden, stand für mich außer Frage, daß ich alles tun würde, um sie zu befreien. Im Gegensatz zu anderen meiner späteren Mitkämpfer folgte meine Motivation zum bewaffneten Kampf mehr dem Gefühl der Verbundenheit und Freundschaft mit den Insassen von Stammheim als einer ideologischen Haltung.

Handwerkliche Fähigkeiten waren in der RAF immer wichtig, daß mir aber in der sogenannten zweiten Generation auf dem Gebiet der Technik eine besondere Rolle zufiel, habe ich selbst forciert. Die für mich oft sehr abgehobenen Strategiediskussionen oder auch das Ringen um einzelne Formulierungen für Kommandoerklärungen waren meine Sache nicht. Innerhalb der Kerngruppe der RAF gehörte ich zu denen, die eine Befreiungsaktion um jeden Preis und so schnell wie möglich durchführen wollten. Ich redete und trat auf wie ein Militarist und gab mir alle Mühe, im Wettstreit um die jeweils härteste Position nicht zurückzufallen. Aber das war nur eine Seite. Denn der wachsende Zwiespalt zwischen Härte nach außen und keimenden Zweifeln im Innern ließ mich häufig zu Medikamenten greifen. Gegenüber der Gruppe rechtfertigte ich den Medikamentenkonsum mit einer Krankheit. Erst nachdem ich gemeinsam mit drei anderen RAF-Angehörigen 1978 in Jugoslawien verhaftet, von dortigen Ärzten untersucht und dann einer Entziehungskur unterzogen wurde, erfuhr die Gruppe, daß ich nicht krank, sondern süchtig gewesen war. Danach war das Mißtrauen mir gegenüber so groß, daß ich ein Jahr im Jemen in einer Art Internierung verbracht habe.

Ich habe mich aber erst Anfang 1980 von der RAF gelöst, bin zurück nach Deutschland gegangen und wurde nach einem Jahr legal-illegalen Daseins in Hamburg verhaftet. Ich habe also mehr als zwei Jahre gebraucht, um mich nach den Ereignissen des Jahres 1977 dazu durchzuringen, die RAF zu verlassen. Obwohl mein Verhältnis zur Gruppe bereits in diesem Jahr seine ersten Risse bekommen hatte, die sich während des Entzugs und der Internierung vertieft hatten, entschloß ich mich zu diesem Schritt erst nach der Teilnahme an einem Banküberfall in Zürich, bei dem eine unbeteiligte Passantin während einer Schießerei mit der Polizei von uns getötet wurde.

Ich begab mich nach Hamburg, der Stadt meiner frühen Jugend, weil ich über das, was während der Zeit in der RAF mit mir und durch mich geschehen war, zuallererst mit Freunden aus der Zeit vor meiner Illegalität reden wollte. Der Versuch, zumindest im Gespräch mit Freunden Offenheit neu zu erlernen, ist – gemessen an meinem Verhalten nach der Verhaftung – fehlgeschlagen. Ich wollte mich der Wahrheit nicht stellen und habe von meiner Verhaftung im Jahr 1981 bis zum Frühjahr 1990 meine Beteiligung an den Mordanschlägen der RAF geleugnet.

Daß ich aus der RAF mehr oder weniger geflohen und nach Hamburg gegangen bin, lag nicht daran, daß es für einen Rückzug keine Alternative gegeben hätte. Die Gruppe hatte sich aufgrund der Ereignisse des Jahres 1977 gespalten. Schon lange bevor ich mich entschloß, die RAF zu verlassen, hatten bereits eine ganze Reihe von Mitgliedern erklärt, daß für sie der Kampf beendet sei. Diejenigen, die sich weiterhin als RAF verstanden, haben sich darum bemüht, für die Ehemaligen eine Lebensmöglichkeit zu finden, bei der sie dem Risiko von Verhaftung und jahrzehntelanger Inhaftierung entgehen konnten. Kurz nach meinem Weggang aus der RAF erklärte sich schließlich die DDR bereit, die ehemaligen RAF-Kämpfer dort verdeckt in den »Ruhestand« gehen zu lassen.

Ich wußte von diesen Bemühungen, und ich wußte auch, welche Länder damals als Exil in die engere Wahl genommen worden waren. Vielleicht wäre es mir nicht anders ergangen als den anderen Abtrünnigen, hätte ich mich damit einverstanden erklärt, die Gruppe zu den Bedingungen der RAF zu verlassen. Aber genau das wollte ich nicht. Ich wollte wirklich weg von der Gruppe, weg auch von jedem Einfluß ihrerseits auf mein Tun und Lassen. Ganz sicher, ob ein angekündigter Weggang von mir einfach so hingenommen worden wäre, bin ich mir bis heute nicht. Was das Wissen um die Hintergründe der RAF und ihres Handelns betraf, wurde ich aus Sicht der Gruppe wahrscheinlich als ein weit höheres Gefährdungspotential betrachtet als andere Aussteiger.

Dennoch, bis zu dem Zeitpunkt, als ich endlich bereit war, meine Beteiligung an den Mordanschlägen des Jahres 1977 zuzugeben, vergingen noch über zehn Jahre.

Ich bin 1999 aus der lebenslangen Haft nach 18 Jahren mit einer Bewährungszeit von fünf Jahren entlassen worden. Die Auseinandersetzung mit der Frage der Schuld, die ich während meiner Zeit in der RAF auf mich geladen habe, wird mich den Rest meines Lebens beschäftigen. Das Leid und die Verzweiflung, die durch die von mir begangenen Morde über Menschen gebracht wurden, kann ich weder zurücknehmen noch wiedergutmachen. Das bedaure ich sehr.

Eine letzte Anmerkung: Ich bin kritisiert worden, weil ich zwar bereit bin, über meine Beteiligung an den 77er Aktionen der RAF zu reden, mich aber weigern würde, die Namen derer zu nennen, die Hanns-Martin Schleyer erschossen haben. Der Vorwurf lautet, daß mein Schuldeingeständnis und mein Bedauern unglaubwürdig seien, solange ich noch immer einige Beteiligte zu decken versuchte. Ich kann nur darauf verweisen, daß **alle**, die an der Entführung **und** an der Ermordung Hanns-Martin Schleyers beteiligt waren, zu lebenslangen Haftstrafen verurteilt wurden. Nach durchschnittlich 18 bis 20 Jahren verbüßter Strafe wurde inzwischen bei einigen Verurteilten die lebenslange Haft zur Bewährung ausgesetzt, nur noch wenige befinden sich in geschlossener Strafhaft. Geht es aber nicht um Strafe, sondern um Schuld und Verantwortung am Geschehen, so habe ich damals gemeinsam mit allen anderen Kommandomitgliedern dafür gestimmt, Hanns-Martin Schleyer zu erschießen. Wäre ich seinerzeit in Brüssel gewesen, hätte auch ich Ausführender der Tat sein können. Jetzt mit dem Finger auf diejenigen zu zeigen, die das ausgeführt haben, was wir übrigen von ihnen erwarteten, wäre meinem Empfinden nach nicht korrekt.

Peter-Jürgen Boock, Frühjahr/Sommer 2002

ADEN

Es war gegen Abend, die Sonne machte sich daran, als riesiger roter Ball im Indischen Ozean zu versinken. Auf dem Dach des Hauses eines ehemaligen britischen Militärpostens auf einem Hügel über der jemenitischen Wüste saßen Ende August, Anfang September des Jahres 1976 neun junge Deutsche auf Decken und Schlafsäcken im Kreis. Sie hatten Räucherringe entzündet, um die Schwärme winziger Moskitos wenigstens zeitweise in Schach zu halten.

Die fünf Männer und drei Frauen waren hierher gekommen, um sich als Rote Armee Fraktion neu zu formieren. Bis zu diesem Treffen gehörten die Anwesenden drei unabhängig operierenden regionalen Grüppchen an, die bislang keinen Kontakt untereinander gehabt hatten.

Die Neukonstituierung war notwendig geworden, weil die Vorgängergruppe, alles auf eine Karte setzend, ihre gesamten Kräfte auf eine einzige Aktion konzentriert hatte. Ohne eine größere Infrastruktur aufzubauen oder für personelle Kontinuität über die Aktion hinaus Sorge zu tragen, hatten sie die deutsche Botschaft in Stockholm gestürmt und deren Angehörige als Geiseln genommen. Sie forderten im Austausch für ihre Freilassung freien Abzug und die Freilassung aller inhaftierten Mitglieder der RAF.

Die deutsche Regierung war hart geblieben und selbst dann nicht auf die Forderungen eingegangen, als ein Botschaftsangehöriger erschossen worden war. Sie ließ kurz darauf das Botschaftsgebäude von Spezialkräften der Polizei stürmen. Das RAF-Mitglied Siegfried

Hausner erlitt bei einer Explosion während der Erstürmung lebensgefährliche Verbrennungen und starb bei der Abschiebung nach Deutschland an den Verletzungsfolgen. Alle anderen festgenommenen Kommandomitglieder waren von der schwedischen Regierung ohne formales Verfahren sofort an Deutschland ausgeliefert worden.

Das Umfeld der RAF, die Helfer und Sympathisanten in der Legalität, geriet bei den folgenden Polizeiaktionen stark unter Druck. Hausdurchsuchungen, Festnahmen und Prozesse gegen wirkliche oder angebliche RAF-Sympathisanten führten dazu, daß die bis dahin existierenden Gruppen- und Kommunikationsstrukturen weitgehend zerstört wurden.

Daß die Splittergruppen, die sich nach dem gescheiterten Anschlag in Stockholm in Norddeutschland, im Rhein-Main-Gebiet, im Raum Heidelberg und in Karlsruhe gebildet hatten, trotzdem in Aden zusammengekommen waren, war von den in Stammheim inhaftierten Gründungsmitgliedern der RAF initiiert worden. Sie hatten einen Anwalt aus Heidelberg davon überzeugt, die verstreuten Grüppchen zu sammeln und zu einer neuen, handlungsfähigen Stadtguerilla zu formieren.

Der Anwalt hatte als erstes den Kontakt zu einer palästinensischen Gruppe wieder aufleben lassen und diese gebeten, ein Treffen der RAF-Neulinge in einem sicheren Land, gekoppelt mit einer militärischen Ausbildung für alle, zu ermöglichen. Die Palästinenser waren damit einverstanden gewesen und hatten eines ihrer Ausbildungscamps im Jemen zur Verfügung gestellt.

Und so saß man sich nun gegenüber. Zwei der Anwesenden, Cora und Karl, waren bei der Lorenz-Entführung durch die Gruppe 2. Juni freigepreßt worden. Drei, Heike, Kalle und ich, kamen aus Frankfurt. Aus Heidelberg waren Hilde, Hans und Harry gekommen, und von den Karlsruhern war Günter delegiert worden.

Wir tauschten als erstes unsere Erfahrungen über die unterschiedlichen Ansätze illegaler Arbeit aus. Keiner der Anwesenden wollte, daß sich eine Niederlage wie die von Stockholm wiederholte. Es stand zur Debatte, ob alle sofort in den Untergrund gehen sollten, um sich möglichst schnell der polizeilichen Observation und einer möglichen Geheimdienstbespitzelung zu entziehen. Alternativ zu dieser Option wurde in Erwägung gezogen, möglichst viele möglichst lange in der Legalität agieren zu lassen, um längerfristig – etwa nach dem Muster der IRA oder der ETA – einerseits einen legalen Arm und andererseits ein militantes Standbein aufzubauen.

Die Diskussion wurde schließlich durch eine Botschaft entschieden, die uns über einen Mittelsmann von den RAF-Gefangenen in Stuttgart-Stammheim zugespielt worden war. Für diese war klar, daß die neu formierten Untergrundkämpfer vor allem eines zu organisieren hatten, nämlich ihre umgehende Befreiung. Der Zustand der Gruppe ließ kaum eine andere Wahl, als das Problem in Etappen zu lösen. Wer nicht zur Fahndung ausgeschrieben und also »legal« war, sollte es zumindest vorläufig auch bleiben. Es gab noch keine tragfähige Infrastruktur für eine größere Gruppe Illegaler. Es würde darauf ankommen, genau einzuschätzen, wann man so sehr ins Visier von Polizei und Verfassungsschutz geriet, daß die Gefahr bestand, verhaftet zu werden. Der- oder diejenige sollte dann sofort untertauchen und sich entziehen.

Es war klar, daß einige der Anwesenden wegen ihrer bereits sehr exponierten Position nicht legal würden operieren können. Deswegen sollten die Gruppenmitglieder, die als erste nach Europa zurückreisten, in Deutschland und den umliegenden Nachbarstaaten sichere Unterkünfte anmieten. Erst dann, so die Planung, sollten die stärker gefährdeten Gruppenmitglieder nachkommen. So wollten wir die illegalen Strukturen erweitern und es dadurch ermöglichen, daß weitere Kämpfer in den Untergrund abtauchen könnten.

Die anschließende Diskussion über die politische Stoßrichtung zukünftiger Aktionen führte, auch wegen der Botschaft der Stammheimer Gefangenen an uns, schnell zu einer Übereinkunft: Die Versammelten waren einhellig der Meinung, daß die wichtigste Aufgabe darin bestand, alle notwendigen Voraussetzungen für eine Befreiungsaktion der Gefangenen zu schaffen. Wir waren uns auch einig darin, daß eine solche Befreiungsaktion nur mit einer Geiselnahme mehrerer politischer, militärischer oder industrieller Entscheidungsträger durchsetzbar sein würde.

Harry, der von den Anwesenden einstimmig zum Diskussionsleiter bestimmt worden war, wurde überrascht, als sowohl die Karlsruher wie auch wir Frankfurter ihm mitteilten, daß wir unabhängig voneinander bereits damit begonnen hatten, potentielle Zielpersonen für eine solche Geiselnahme zu bestimmen und zu observieren. Bemerkenswert war auch, daß beide Gruppierungen dabei fast den gleichen Personenkreis ins Visier genommen hatten.

An diesem Spätnachmittag auf dem Dach des palästinensischen Camps im Jemen fiel das erste Mal der Name des Vorsitzenden des Bundes Deutscher Industrieller und des Bundesverbandes der Arbeitgeber, Hanns-Martin Schleyer. Er war zu diesem Zeitpunkt nicht der einzige Wirtschaftsboß auf der Liste möglicher Ziele. Auch die Vorstandsvorsitzenden der drei größten deutschen Banken, der amtierende Generalbundesanwalt Buback, zwei amerikanische Generäle und einige Politiker wurden als potentielle Ziele benannt. Wir kamen überein, nach Rückkehr in die Bundesrepublik sofort abzuklären, bei welcher der genannten Personen ein Zugriff durchführbar sein könnte.

Die erste Aufgabe der Gruppe nach ihrer Rückkehr würde jedoch darin bestehen, wieder eine tragfähige und auch Polizeidruck standhaltende Infrastruktur für die Illegalen und die zukünftigen Aktionen zu schaffen. In der Phase der Konsolidierung würde die Gruppe auf spektakuläre Aktionen verzichten müssen.

Kleinere »Besorgungsaktionen« sollten ausschließlich dazu dienen, die Befreiung der Gefangenen vorzubereiten. Auf der Liste der von uns beschlossenen »Infrastrukturmaßnahmen« standen schließlich als vordringlichste Maßnahmen die Anmietung mehrerer Wohnungen, die Beschaffung von Ausweisen und Waffen, zur Finanzierung notwendige Banküberfälle und der Aufbau einer neuen Kommunikationsstruktur zwischen Gefangenen, Illegalen und den Sympathisanten.

Parallel zur Schaffung dieser Voraussetzungen sollte ein Teil der Gruppenmitglieder bereits damit beginnen, Informationen über die potentiellen Entführungsopfer zu sammeln und – soweit dies risikolos möglich war – sich anzusehen, wo diese lebten, arbeiteten und wie sie geschützt wurden. Auf Basis dieser Informationen würde man dann endgültig festlegen, wer Ziel der Befreiungsaktion sein sollte.

Es war weit nach Mitternacht, als wir unsere Diskussion vorläufig beendeten. Die jemenitischen Soldaten, die uns und das Camp bewachten, hatten ihr Feuer bereits ausgehen lassen und sich in ihre Feldbetten schlafen gelegt. Außer den zwei Petroleumlampen auf dem Dach des Camps war bis hinunter zur jemenitischen Küste kein Licht mehr zu sehen.

DIE »QUALITÄT DES ANGRIFFS«

Allen im Raum schien kalt zu sein, mich fröstelte jedenfalls so sehr, daß ich Mühe hatte, nicht mit den Zähnen zu klappern. Das lag sicher auch daran, daß wir alle völlig übernächtigt waren. Die vergangenen Tage und Nächte hatten wir zugebracht mit Diskussionen, wann wer wie was zu erledigen hatte. Hinzu kam, daß in diesem kahlen, leeren Neubauraum kaum etwas anderes entstehen konnte als eine ebenso beunruhigende wie erwartungsvolle Spannung, den Warteräumen vor Operationssälen nicht unähnlich.

Auf dem Boden lagen zwei Luftmatratzen, zwischen ihnen waren Packpapierbögen aufgeschichtet. Auf das obere Blatt hatten Hans und ich mit Marker in breiten Strichen Straßen gezeichnet.

Hans und Rosa hatten am Nachmittag zusammen mit zwei anderen aus der Gruppe ein letztes Mal die Fahrtroute von Hanns-Martin Schleyer observiert. Sie waren als erste in der Wohnung angekommen, und Hans und ich hatten bereits begonnen, die für das geplante Kommandounternehmen wichtigsten Straßenzüge auf das Packpapier zu übertragen.

Hilde und Gerhard waren den Tag über in der Kommandowohnung im Uni-Center in Köln damit beschäftigt gewesen, einen vorgestern bei einem Treffen mit Legalen übergebenen Kassiber der Gefangenen in Stammheim zu übersetzen. Da es ein relativ langes Schriftstück war, hatte die Übertragung der Zahlenkolonnen aus einem Buchcode in Klarschrift mehrere Stunden in Anspruch genommen. Die beiden sahen derart ernst aus, daß Hans sie sofort nach dem Inhalt des Schreibens fragte. Aber Hilde sagte entschieden, daß sich Hans die wenigen Minuten, bis auch die übrigen eingetroffen wären, würde gedulden müssen.

Wesentlich später als vereinbart kam von der Tür das ausgemachte Klingelzeichen. Hilde öffnete und ließ Regine, Karl und Gerlinde ein, die gerade aus Düsseldorf gekommen waren und zwei Reisetaschen im Vorraum abstellten. Sie waren an einem Erddepot gewesen und hatten drei Heckler&Koch-Maschinenpistolen, zwei Handgranaten und die benötigte Munition für die bevorstehende Aktion mitgebracht.

Karl sah auf das inzwischen mit Streichholz- und Zigarettenschachteln belegte Packpapier und fragte ein wenig unwirsch, ob wir etwa schon ohne sie mit der Planung angefangen hätten.

Hans, der im Schneidersitz unmittelbar vor dem Bogen mit den Straßenverläufen saß, sah nicht einmal auf: »Setz dich und hör erst mal zu, es gibt einiges an Neuigkeiten!«

Es war Hilde, die das sich anbahnende Geplänkel im Keim erstickte, indem sie völlig unvermittelt begann, das eng beschriebene Blatt mit dem dechiffrierten Text zu verlesen, das auf ihren Knien lag.

»An die, die sich RAF nennen. Wir sind es leid, von euch, wenn es um das Wichtigste, wenn es um die Aktion geht, nichts als Ausflüchte zu hören. Wir haben den Hungerstreik auf EURE Aufforderung hin abgebrochen, weil IHR angekündigt habt, endlich offensiv zu werden. Doch statt von der Offensive hören wir seit Wochen von euch nur, warum was nicht geht, was wieviel Zeit braucht, wer bei welchem Plan welches Wehwehchen hat. Müssen wir euch von hier aus darüber aufklären, daß sich Guerilla immer über die Qualität des Angriffs definiert? Wir werden nicht länger darauf warten, daß ihr endlich begreift, und unser Schicksal wieder selbst in die Hand nehmen. Während ihr mit uns Spielchen veranstaltet habt, hat der Apparat unsere Schwäche längst analysiert, d. h. konkret: unsere Möglichkeiten, als Kollektiv zu handeln, werden systematisch immer weiter eingeschränkt. Nach dem Abbruch des Hungerstreiks wird es jetzt für uns darum gehen, Glaubwürdigkeit zurückzugewinnen. Aber wir sind entschlossen, wir haben nichts zu verlieren, wir werden den Plan zu unserer psychischen und physischen Liquidierung durchkreuzen.

PS: Verwendet die drei Buchstaben erst wieder, wenn euch zum Begriff OFFENSIVE etwas anderes einfällt als Ausflüchte.«

Hilde hatte die Möglichkeit des Buchcodes, Worte durch Großbuchstaben hervorzuheben, beim Vorlesen so umgesetzt, daß der ganze Kassiber für uns wie eine einzige Anklageschrift klang.

Nach einigen Sekunden Schweigen stand Gerhard abrupt auf: »Scheiße, wirklich, so geht das nicht, die können uns nicht einfach das Messer auf die Brust setzen. Die haben doch keine Ahnung, wie das läuft hier draußen, Rasterfahndung, Schleppnetzfahndung, das gab's zu ihrer Zeit doch alles noch gar nicht.«

Hilde unterbrach ihn so energisch wie lautstark: »Du Arschloch, DU weißt nicht, wovon du redest. Die kämpfen da drinnen isoliert voneinander um das bißchen Identität, das ihnen geblieben ist, und alles was dir dazu einfällt, ist zu jammern, wie schlecht unsere Bedingungen sind. Hast du eigentlich registriert, daß sie genau dieses Verhalten meinen, wenn sie von Spielchen reden?«

»Wir wissen doch alle, woran es hapert! Die Offensive, das ist das hier«, Hans flache Hand klatschte laut auf das Packpapier, die Schachteln hüpften, »und genau da sind wir nicht weitergekommen. Die Stammheimer haben völlig recht! Seit dieser Bullenwagen an Spindys Hintern klebt, bewegen sich alle unsere tollen Planspiele nur noch im Kreis.«

Bislang hatte Regine zu allem geschwiegen, aber jetzt schien sie froh, einen Punkt zum Einhaken gefunden zu haben. »Das seh ich ganz genau so. Wir wissen einfach nicht, wie wir die zwei Bullen ohne Ballerei mattsetzen können. Wir haben bei den letzten Checks eigentlich immer nur herausgefunden, wie es nicht geht.«

»Wie es nicht geht, wenn wir von den gleichen Voraussetzungen ausgehen wie bisher.« Karl hatte sehr leise gesprochen, aber sein Einwurf brachte ihm die fragenden Blicke aller ein.

»Naja, es will uns nichts dazu einfallen, wie wir Spindys Anhang, ich sag mal, *gewaltlos* neutralisieren können. Wenn es so nicht geht, dann müssen wir vielleicht über die militärische Option reden.« Karl lachte auf, bevor er fortfuhr: »Entschuldigung, aber es ist schon paradox, die Gefangenen fordern uns auf, endlich offensiv zu werden, und wir drücken uns immer noch darum herum, das zentrale Problem mit den Mitteln der Guerilla anzugehen. Ich sag es jetzt mal so einfach, wie ich es denke: Wenn wir Spindy sicher und ohne eigene Verluste kriegen wollen, werden wir die beiden Bullen und den Fahrer erschießen müssen.«

Eine unangenehme Stille trat ein. Karl hatte ausgesprochen, was bisher bei allen Überlegungen, wie man die Entführung ausführen könnte, ausgeklammert geblieben war.

»Das ist nicht dein Ernst! Einfach alle erschießen? Ich denke nicht, daß so ein Blutbad am Anfang einer Befreiungsaktion politisch zu rechtfertigen ist. Glaubst du im Ernst, Schmidt kann auf unsere Forderungen noch eingehen, wenn es so anfängt?« Gerlinde sah Karl direkt an, sie konnte ihre Erregung nur schlecht kontrollieren, schien um Fassung zu ringen.

Aber Karl hielt ihrem Blick stand. »Wovon reden wir hier eigentlich? Wir nennen uns Rote Armee Fraktion, wir wollen die Eliten in der Metropole angreifen – oder hab ich da was mißverstanden? Was denkst du, könnte das jetzt und hier, in dieser ganz konkreten Situation bedeuten? Wenn die andere Seite alles auffährt, um ihre Eliten zu schützen, na, da können wir dann halt nichts mehr machen, wirklich schade? Ich denke, das war nicht dein Ernst! Wenn wir unsere Aktionen – egal ob diese oder eine andere – davon abhängig machen, wie und mit welchem Aufwand die wen schützen, dann können wirs eigentlich gleich lassen.«

»Danke für die Belehrung.« Gerlinde war rot geworden, sie verschränkte die Arme vor der Brust. »Ich will also den Kampf nicht, nur weil ich nicht der Meinung bin, daß wir uns den Weg zu unserem bisher wichtigsten Aktionsziel einfach frei ballern sollten. Hast du bei deiner Lösung eigentlich auch berücksichtigt, wie diese Vorgehensweise sich auf die Verhandlungen um die Freilassung der Stammheimer auswirken wird?«

»Also, ehe das jetzt endgültig entgleist«, unterbrach Hilde den Disput, »möchte ich etwas klarstellen. Ich bin nicht mehr bereit, über etwas anderes als über konkrete Lösungen zu diskutieren. Was die Gefangenen von uns erwarten – soweit sie uns überhaupt noch etwas zutrauen –, haben sie klar formuliert. Ich weiß, das klingt jetzt hart, aber wenn wir diese Aktion wollen, dürfen wir keine Option nur deswegen ausschließen, weil sie Kampf bedeutet. Es tut mir leid, Gerlinde, aber wenn du bei deiner Haltung bleibst, kann ich mir nicht mehr vorstellen, wie wir noch gemeinsam in diese Aktion gehen können.«

Gerlinde brauchte einige Augenblicke, bis sie begriff, was Hilde gerade gesagt hatte, dann stand sie langsam auf und ging zur Tür. »Ich will nichts bremsen oder verhindern, aber ich halte es noch immer für falsch, so vorzugehen. Wenn das bedeutet, daß ich raus bin aus dem Kommando, dann okay, dann soll das so sein.«

Als sie die Tür schon halb geöffnet hatte, stand Karl plötzlich neben ihr und drückte die Tür wieder zu. »Nein, so nicht.«

Er drehte sich zu den übrigen um, aber bis auf Hans und Hilde erwiderte niemand seinen hilfesuchenden Blick. »Ich verstehe unter einem Kommando, daß Probleme – egal welche – in der Auseinandersetzung um die Sache gelöst werden. Mit Ausschließen ist noch nie ein Problem gelöst worden.«

»Durch ständiges Zerreden auch nicht.« Hans war zum ersten Mal laut geworden. »Jeder hier weiß doch seit über zwei Wochen, wie die Dinge stehen, was die Checks ergeben haben. Wir haben alles durchgespielt, zwei Rammfahrzeuge zu benutzen statt einem, Nebel- oder Blendgranaten einzusetzen, um sich genug Zeit für den Zugriff zu verschaffen, sogar sie irgendwo mit nem LKW so an die Wand zu drücken, daß sie nicht aus der Karre kommen. Aber so, wie es aussieht, stellen die zwei Bullen ab, und wir wissen nicht weiter? Darüber will ich jetzt einfach nicht länger reden, wirklich nicht! Die Bullen sind da, so ist es, also wie schalten wir sie aus?«

Einen Moment lang sah Karl uns ungläubig an, dann öffnete er die Tür. »Wenn das so läuft, dann bin ich auch raus. Aber Hans, eine Sache kann ich so nicht stehen lassen. Mein Problem ist nicht, daß ich mir nicht vorstellen kann, diese beiden Typen mit der Waffe auszuschalten, wenn es nicht anders geht. Mein Problem ist, wie wir damit umgehen, wie diese Entscheidung zustande kommt.«

Ich muß zugeben, daß ich nur wollte, daß diese Auseinandersetzung damit vorbei war. Ich war übernächtig, überreizt und wollte nur noch, das wir zu einer Entscheidung kommen.

Als sich die Tür hinter Gerlinde und Karl geschlossen hatte, stand

Hilde auf und faltete den Kassiber der Gefangenen sorgfältig zusammen. »Vielleicht ist es das, was eine Offensive auszeichnet, ich meine, daß sich die Fronten klären, auch untereinander. Aber jetzt laßt uns anfangen. Wie könnte es trotzdem gehen?!«

Rosa und ich hatten uns herausgehalten. Jetzt aber hob sie die Hände, als wollte sie bremsen. »Langsam, langsam. Wir können jetzt nicht einfach zur Tagesordnung übergehen. Wir haben zu wenig Power, um gleich zu Anfang zwei Leute abzuschreiben. Ich sehe es so, Gerlinde hat auch in den letzten Tagen kaum etwas anderes produziert als immer neue Bedenken. Sie ist zuverlässig, das steht außer Frage, aber um im Kommando mitzumachen, kommt sie bei dieser Haltung nicht in Betracht. Bei Karl sehe ich das anders. Der mag sie, will sie jetzt nicht hängenlassen, okay, das ist verständlich. Aber ich denke trotzdem, daß wir ihn rüberziehen müssen, auf ihn können wir nicht verzichten.«

Hans fühlte sich angesprochen. Alle wußten, daß in den letzten Wochen zwischen ihm und Karl eine besonders enge Beziehung entstanden war. »Seh ich auch so. Das war nicht sein letztes Wort, da müßte ich mich schon sehr täuschen. Ich werde ihn nachher ins Gebet nehmen, und ich bin mir sicher, daß er mitmachen wird.«

Ich war erleichtert, als ich nach dieser Unterbrechung zusammen mit Hans fortfahren konnte, die Streichholz- und Zigarettenschachteln auf dem Packpapierbogen neu zu formieren.

»Also, das ist Spindys Wagen, das der von den Bullen.« Ich gab mir Mühe, die Ergebnisse der zurückliegenden Observationen sachlich zu referieren. Was mir bei der Stimme vielleicht gelang, hielt sich als Zittern in den Händen hartnäckig. Ich stieß erst einige Schachteln um, ehe es mir gelang, sie in der gewünschten Reihenfolge zu gruppieren. »Wir haben gesehen, daß sie vom Ring aus in die Nebenstraße immer ziemlich flott einfahren. Wenn wir den Wagen von Schleyer direkt nach dem Einbiegen rammen, fahren ihm die Bullen mit ziemlicher Sicherheit hinten drauf. Wir denken, das wäre der optimale Überraschungsmoment, um sie auszuschalten ...«

DER ÜBERFALL

Hilde saß mir gegenüber im Aufenthaltsraum auf der Luftmatratze. Das Zimmer war spartanisch eingerichtet. Luftmatratzen, Schlafsäcke, ein paar volle Aschenbecher, eine Leselampe, die auf dem Boden stand und einen kleinen Lichtkreis erzeugte. Der einzige Aufwand, der von uns für dieses Zimmer betrieben worden war, betraf das Fenster. Nach außen war es mit einem der in dieser Wohngegend üblichen Wolkenstores garniert. Dahinter aber schloß ein dichter, doppelter schwarzer Samtvorhang das Fenster ab. Kein Licht konnte nach außen dringen und einem von Schlaflosigkeit getriebenen Passanten auffallen.

Eigentlich mußte Hilde schlafen. In wenigen Stunden sollte sie Hans bei der Bewachung des Gefangenen ablösen. Wir litten alle unter einem erheblichen Schlafdefizit, das in den kommenden Tagen und Wochen noch wachsen sollte. Ein Zustand zwischen überwachen, wie aufgeputschten Phasen und todmüden Momenten. Aber Hilde stand, wie ich auch, noch immer unter Strom. Wir waren viel zu aufgeregt, um ein Auge zuzukriegen.

Sie sprach nicht darüber, aber ich wußte auch so, was sie umtrieb. Wieder und wieder lief in ihrem Kopf die Aktion ab. Mir ging es nicht anders. Es war eine Sache, irgendwo in der arabischen Wüste auf Pappschilder zu schießen, wie wir es in der Ausbildung getan hatten. Es war etwas ganz anderes, sich mitten in einer deutschen Großstadt mit Polizisten ein Feuergefecht zu liefern, bei dem Menschen erschossen wurden und man selbst in Lebensgefahr war.

Mir schien es, als müßten wir beide die in uns aufsteigenden Gefühle, das Zittern, das Schaudern, niederkämpfen. Ich beobachtete, wie Hilde versuchte, mit einer Atemübung zu entspannen und ruhiger zu werden. Aber auch bei ihr waren die Bilder stärker, wollten sich einfach nicht vertreiben lassen.

Sie und ich, ein junges Paar, das an diesem Nachmittag mit seinem Nachwuchs im Kinderwagen unterwegs war. Wir standen an der Straßenecke, so als seien wir in ein Gespräch über Windeln, Babybrei oder andere elterliche Sorgen vertieft. Ich hatte eine Zeitung unter dem Arm, Hilde wippte gelegentlich den Kinderwagen, als gelte es, ein Baby ruhig zu halten.

Es kam mir vor, als würden wir schon Stunden an dieser Straßenecke stehen. Meinem Empfinden nach hätte inzwischen eigentlich jeder halbwegs aufmerksame Beobachter registriert haben müssen, daß mit diesem Pärchen etwas nicht stimmen konnte. Aber im Wechsel des Ampelrhythmus der nahen Kreuzung schob sich die Autoschlange unzählige Male an uns vorbei, ohne daß jemand Notiz zu nehmen schien.

Und dann, als wir schon überlegten, ob Schleyer heute vielleicht gar nicht mehr auftauchen würde, kamen endlich die beiden Fahrzeuge in Sicht, auf die wir gewartet hatten. Erst der Dienstwagen des Arbeitgeberpräsidenten, dahinter das Fahrzeug mit seinen Personenschützern. Ich hatte sie zuerst gesehen, nickte in Richtung der Ringstraße und zischte Hilde zu: »Paß auf, da kommen sie! Schlag die Decke zurück.«

Hilde griff in den Kinderwagen, schlug die Decke über der lebensgroßen Babypuppe beiseite. Links und rechts neben dem Plastikbaby lagen durchgeladen und feuerbereit unsere beiden Heckler&Koch-Sturmgewehre.

Langsam gingen wir samt Kinderwagen auf die Einmündung der Nebenstraße zu. In der Baustelleneinfahrt schräg gegenüber auf der anderen Seite der Nebenstraße saßen Hans und Gerhard im Rammwagen und beobachteten jede unserer Bewegungen genau. Sie wußten, wenn wir uns von der Kreuzung in ihre Richtung bewegten, bedeutete das, daß »die Objekte« in der Anfahrt waren.

Hilde schob den Kinderwagen noch ein Stück weiter in die Nebenstraße hinein, dort blieb sie stehen. In diesem Augenblick bogen die beiden schweren Mercedes-Limousinen ein. Das weitere Geschehen verlief so rasend schnell, daß auch im nachhinein und mit einigem Abstand jeder von uns schon große Mühe hatte, das eigene Verhalten, geschweige denn den gesamten Ablauf, zu rekonstruieren.

Hilde hatte sich vorgenommen, nach dem vereinbarten Zeichen von mir sich ganz auf ihre Aufgabe zu konzentrieren und durch nichts und niemanden ablenken zu lassen. Sie mußte als erstes den Fahrer des Arbeitgeberpräsidenten ausschalten, um damit einen Fluchtversuch unmöglich zu machen.

Nachdem wir uns in einer der nächtlichen Diskussionen für den Feuerüberfall entschieden hatten, war nur noch ein Punkt in unserem Vorgehen länger und kontrovers diskutiert worden: ob wir den Fahrer nicht verschonen könnten. Aber in welcher Variante wir den Überfall auch durchgespielt hatten, die Möglichkeit, daß der Fahrer bewaffnet war und seinen Chef verteidigen würde, konnten wir nicht ausschließen. Das war sein Todesurteil gewesen.

Es war soweit. Ich gab das vereinbarte Zeichen, nahm die bisher unter den Arm geklemmte Zeitung, hob sie deutlich hoch, warf sie in den Kinderwagen und griff in derselben Bewegung nach meinem Sturmgewehr. Auch Hilde nahm ihre Waffe aus dem Kinderwagen und gab ihm dann einen kräftigen Stoß, damit er aus dem Weg war. Als wir wieder in Richtung der Fahrzeuge sahen, schoß gerade der Rammwagen aus einer provisorischen Baustelleneinfahrt und blockierte den beiden Schleyer-Fahrzeugen den Weg. Bremsen quietschten, Reifen radierten den Asphalt. Die bereits vollends in die Nebenstraße eingebogenen Limousinen waren jedoch zu schnell. Sie konnten vor dem plötzlich auftauchenden Hindernis nicht ausweichen und fuhren aufeinander. Ein zweifacher Aufprall. Der Dienstwagen des Arbeitgeberpräsidenten fuhr seitlich in den Rammwagen, das folgende Fahrzeug mit den Polizisten krachte in den Kofferraum von Schleyers Mercedes.

Für den Bruchteil von Sekunden schien alles zur Ruhe zu kommen. Hilde brauchte nur wenige Schritte, um mit dem Sturmgewehr im Anschlag auf Höhe des Fahrers zu sein. Sie sah seine Silhouette, hatte den Eindruck, er habe den Ernst der Situation begriffen und war bemüht, den Wagen wieder zu starten. Hilde begann zu schießen, sie gab vier, fünf Schüsse auf den Fahrer ab, an seinem Zusammenzucken war zu erkennen, daß der Mann getroffen worden war. Er schien auf das Fahrzeug vor sich zu starren, in das er eben hineingefahren war. Auch als sie schoß, sah er nicht in ihre Richtung. Er sank vornüber auf das Steuerrad und bewegte sich nicht mehr.

Keiner von uns konnte im nachhinein sagen, ob wirklich Hilde zuerst geschossen hatte oder ob Hans, Gerhard oder ich die ersten Schüsse abgegeben hatten. Die Schußsalven schienen von allen Seiten gleichzeitig zu kommen und zerrissen uns schier das Trommelfell. Hilde drehte sich um, schoß nun auf das Fahrzeug mit den Personenschützern. Sie konnte niemanden sehen. Aus ihrer Position mußte es so scheinen, als sei dieser Wagen leer. Sie konnte daraus, weil ich – nur wenige Schritte von ihr entfernt – ununterbrochen weiter schoß, schließen, daß es aus dem zweiten Wagen noch Gegenwehr geben mußte.

So plötzlich wie die Schießerei begonnen hatte, schien sie auf einmal vorbei zu sein. Hilde hielt inne, blickte hinunter auf ihre Waffe, bekam einen Schreck. Der Verschluß stand offen, das Magazin war leer. Hastig ging sie in die Knie und wechselte das Magazin. Gerade als sie dies in die Halterung schieben wollte, peitschten erneut Schüsse durch die Straße. Sie sah auf und bekam gerade noch mit, wie sich Hans mit einem Hechtsprung über den Kofferraum des Rammwagens in Sicherheit brachte. Ohne nachzudenken schossen Hilde und ich erneut in Richtung der unsichtbaren Polizisten.

Dann geschah die Sache mit Gerhard. Weder Hilde noch ich hatten ihn kommen sehen. Er war plötzlich einfach da, lief uns direkt vor das Visier. Er sprang geduckt, im Zickzack, so wie wir es in der militärischen Ausbildung für das Vorgehen unter Beschuß geübt hatten. Seine Waffe hatte er hoch erhoben, dabei aber den Lauf schräg nach unten gerichtet, so als müsse er die Maschinenpistole über eine unsichtbare Mauer halten. Er sprang scheinbar mühelos auf die Motorhaube des Begleitfahrzeugs und schoß dabei ununterbrochen hinter die abgewandte Seite des Fahrzeugs.

Dann Schluß, kein Schuß mehr, kein Laut. Gerhard stand noch immer auf der Motorhaube. Wir konnten sehen, daß seine Waffe leer war und der Verschluß offen stand. Aber wie in einem Krampf krümmte sich sein Zeigefinger wieder und wieder.

Es war Hans, der sich als erster von uns aus der Erstarrung löste. »Hör auf, komm runter, es ist vorbei!«

Er hatte geschrien, so laut er konnte. Trotzdem kam es bei mir so an, als habe er nur geflüstert. Erst jetzt wurde mir bewußt, daß ich fast taub war. Aber Gerhard hatte es gehört, denn er hielt inne, sprang von der Motorhaube und stand dann unschlüssig vor den ineinander verkeilten Fahrzeugen, als wisse er nicht recht, wie es jetzt weitergehen sollte.

»Verdammte Scheiße, die sind doch alle tot!« Er klang irgendwie hysterisch. »Schaut einer nach, ob Spindy noch lebt? Ich mach den Wagen klar.«

Ich ging, völlig leer im Kopf und ein Dröhnen auf den Trommelfellen, Richtung Hauptstraße, wo der VW-Bus für die Flucht geparkt war. Hans lief um die verkeilten Fahrzeuge herum zur Beifahrerseite des ersten Wagens und zerrte an der hinteren Tür, die entweder verschlossen war oder durch die Wucht des Aufpralls so verzogen, daß sie sich nicht mehr ohne weiteres öffnen ließ. Als sie schließlich nachgab, war Hans für einen Moment aus dem Blickfeld der anderen verschwunden. Als er wieder aus dem Wageninnern auftauchte, konnte Hilde, wie sie später erzählt hat, an seinem überraschten Gesichtsausdruck ablesen, daß Hanns-Martin Schleyer offenbar doch noch lebte.

Sie gab sich einen Ruck und ging Hans entgegen, der gerade den verwirrt und geschockt wirkenden Schleyer aus der Fondtür auf die Straße zerrte. Einer von uns sagte: »Wir sind ein Kommando der RAF, und Sie sind unser Gefangener. Wenn Sie unseren Befehlen Folge leisten, wird Ihnen nichts passieren. Wenn Sie sich widersetzen, werden Sie erschossen!«

Der Mann schien weder zu verstehen noch überhaupt zu realisieren, was vor sich ging. Er starrte paralysiert an Hans vorbei auf den Wagen der Personenschützer. Hilde folgte seinem Blick. Sie sah zwei Körper neben den offenen Wagentüren auf der Straße liegen.

»Los jetzt, wir müssen sofort weg, in ein paar Minuten ist hier die Hölle los!« Hilde hatte nicht bemerkt, daß ihr Gerhard gefolgt war. Er ging an ihr vorbei und nahm den immer noch abwesenden Schleyer zwischen Hans und sich. Gemeinsam schleiften sie ihn in Richtung des Fluchtfahrzeugs. Schleyers Beine konnten dem Tempo nicht folgen, ein paar Schritte hielt er mit, stolperte, wurde weiter gezogen, faßte für einige Meter wieder Tritt, um erneut zu stolpern.

Hilde hatte sich inzwischen darauf besonnen, daß sie den Rückzug decken sollte. Zum ersten Mal seit Beginn des Feuerüberfalls sah sie sich um. Seltsamerweise war niemand zu sehen. Jeder von uns hatte vermutet, daß nach diesem infernalischen Krach alle Bewohner der umliegenden mehretagigen Wohnhäuser aus den Fenstern schauen würden. Aber hier interessierte scheinbar niemanden, was außerhalb der eigenen vier Wände passierte.

Ich war inzwischen ein kurzes Stück die Hauptstraße hinunter gelaufen zum dort geparkten VW-Bus. Die Fahrzeugkolonne schloß gerade zweispurig zur nächsten Ampel auf, um dem vorigen Autopulk über die Kreuzung zu folgen. Auch aus den Autos heraus sah niemand zum Ort des Geschehens. Später ging mir durch den Kopf, daß das vielleicht ein ähnliches Phänomen war wie bei kleinen Kindern, die sich nach dem Motto »Was ich nicht sehe, das sieht mich auch nicht« wegduckten.

Nach einer Schrecksekunde, weil der Wagen nicht sofort ansprang, hatte ich mit dem VW-Bus auf dem Fußgängerweg der Hauptstraße zurückgesetzt. Die Schiebetür des Busses war geöffnet, und Hans und Gerhard hatten trotz der Breite der Öffnung sichtlich Mühe, den schwergewichtigen Mann hineinzuzerren. Schleyer wehrte sich nicht, aber er schien so lethargisch, als könne er sich nicht aus eigener Kraft bewegen. Hilde ließ Gerhard zu mir nach vorn auf den Beifahrersitz durchsteigen, dann kletterte sie über den am Boden liegenden Schleyer hinweg in den Bus, während Hans bereits hinter ihr die Schiebetür zuwarf.

»Und los!« Meine Stimme war belegt. Die Ampel an der Kreuzung stand auf Rot. Mindestens sechs oder sieben Fahrzeuge waren vor uns. Ich versuchte erst gar nicht einzufädeln, sondern trat das Gaspedal durch und fuhr mit steigender Geschwindigkeit auf dem Fußweg an den stehenden Autos vorbei auf die Kreuzung zu. Kurz bevor die Kreuzung erreicht war, stellte ich die Warnblinkanlage an und schoß hupend, ohne die Geschwindigkeit zurückzunehmen, auf die Kreuzung. Ich hörte mehr als ich es sah, wie die kreuzenden Fahrzeuge in die Bremsen gingen und quietschend auswichen. Aber wie durch ein Wunder kamen wir unbeschadet auf die andere Seite.

»Wo hast du die Spritze?« Mit dieser barschen Frage holte Hans Hilde zurück ins Wageninnere. Ich galt als guter Fahrer, ich würde uns heil zur Schleuse bringen, wo der zweite Fluchtwagen bereit stand.

Aus der Tasche ihrer Jacke zog Hilde die Aluminiumhülle eines Fieberthermometers, öffnete sie und entnahm ihr eine gefüllte Einwegspritze. Schleyer, der bisher teilnahmslos auf dem Boden des Laderaums gesessen hatte, sah mißtrauisch zu, wie sie die Luftbläschen aus der Spritze klopfte und herausdrückte.

»Was ist das? Muß das sein?« Es waren sein ersten Worte.

Hilde sah ihn nicht an und kümmerte sich nicht um seine Fragen. Routiniert suchte sie eine passende Stelle am Oberschenkel, stieß die Kanüle durch die Hose in das Muskelgewebe und drückte den Kolben herunter. Schleyer zuckte instinktiv zurück, versuchte aber nicht, die Injektion abzuwehren.

»Ja, das muß sein. Es ist eine Mischung aus einem leichten Narkose- und einem starken Beruhigungsmittel. Wir wissen, daß du Kreislaufprobleme hast, aber diese Medikamente sind darauf abgestimmt!«

Hans, der hinter Schleyer auf der Motorplattform des Busses saß und ihn quasi vor sich zwischen den Beinen sitzen hatte, sah Hilde über dessen Kopf hinweg fragend an. »Wie lange dauert es, bis das Zeug wirkt?«

Hilde, die die Spritze zurück in die Hülle gesteckt hatte, griff nach Schleyers Hand, um seinen Puls zu fühlen. »So aufgeregt, wie er ist, wird es wahrscheinlich einige Minuten dauern, bevor er parterre geht!«

Ich weiß nicht mehr, warum ich es nicht früher erkannt habe. Jedenfalls war ein großer Lastwagen, dirigiert von einem hektisch winkenden Mann mit rotem Fähnlein, rückwärts auf die Straße gestoßen. Auf der Plane stand »Technisches Hilfswerk«. Ich sah nur noch die Möglichkeit, unseren Wagen erneut über den Fußgängerweg um das plötzliche Hindernis herum zu steuern. Der Mann mit dem Fähnchen stolperte im letzten Moment zur Seite.

Der Wagen war bei dem Ausweichmanöver ins Schleudern geraten. Die drei im Laderaum wurden gegeneinander geworfen, Hilde versuchte, die Balance zu halten, aber sie fiel über Schleyer. »Scheiße, was ist denn ...«

Im Rückspiegel konnte ich sehen, wie der THW-Mann wieder auf die Beine kam und uns mit der Faust hinterher drohte.

Hilde drückte sich aus ihrer mißlichen Lage hoch und setzte sich neben Hans auf die Motorplattform. Besorgt griff sie dem zusammengesunken dasitzenden Schleyer an die Halsschlagader. »Die Wirkung hat eingesetzt, er wird sich die nächste Stunde nicht mehr rühren.«

Als wir wenig später in die Tiefgarage einbogen, in der der Fahrzeugwechsel stattfinden sollte, kam unter uns zum ersten Mal das Gefühl auf, die Sache könnte doch gut ausgehen, und wir könnten es mit unserem Gefangenen bis in den »Bunker« schaffen.

Und das hatten wir tatsächlich! Dort saß Hilde auf ihrer Luftmatratze, hier saß ich. Ich wußte, daß sie gerade alles noch einmal durchlebt hatte, und sie konnte an meinem Gesicht ablesen, daß ich im gleichen Film gewesen war. Und wie immer, wenn wir das Geschehen erneut Revue passieren ließen, blieb am Ende unausgesprochen die Frage, ob eine Sache, die so angefangen hatte, gut ausgehen konnte. Natürlich würde keiner von uns das laut sagen, natürlich würde jeder das für sich behalten. Wir waren schließlich das Kommando, wir hatten diese Aktion durchgeführt und konnten jetzt nichts mehr anhalten, zurücknehmen, verändern. Mit den Zweifeln würde jeder für sich fertig werden müssen. Später, wenn dafür Zeit war.

ERSTE DEBATTE DANACH

Nur noch den Flur entlang. Ich mußte das Gefühl niederkämpfen, bei diesem Gang über den endlos langgezogenen Flur durch die Türspione aller Nachbarwohnungen beobachtet zu werden. Rosa spürte instinktiv meine Unsicherheit. Sie hakte sich bei mir unter und zog mich wie ein kleines Kind mit sich.

Die Tür zur Kommandowohnung war einen Spalt geöffnet. Regine stand schon bereit, uns hereinzulassen, sie hatte uns den Etagenflur entlang kommen sehen. Sie war bereits am Vormittag vorausgefahren und hatte während der Aktion den Polizeifunk abgehört und die wesentlichen Funksprüche mitgeschnitten. Nachdem die Alarmringfahndung ausgelöst worden war, hatte sie sich ausrechnen können, wann wir eintreffen mußten, vorausgesetzt, es war nichts schiefgegangen.

Es beruhigte sie offensichtlich, daß ihre Berechnungen stimmten. Da Rosa und ich pünktlich eintrafen, konnte das nur bedeuten, daß die Aktion glatt gelaufen sein mußte. Gemeinsam konnten wir hören, wie die Lifttüren ein weiteres Mal aufgingen. Das mußten Gerhard und Hilde sein, die uns mit einigem Abstand gefolgt waren.

Wortlos ließ Regine uns herein und schloß leise die Tür. Wir gingen an ihr vorbei durch den kleinen Flur in das Wohn- und Arbeitszimmer. Gerhard stellte die Reisetasche mit den Waffen ab und setzte sich auf die Couch, ich ließ mich in den Sessel fallen. Wir alle saßen stumm da, schienen den Blickkontakt untereinander zu scheuen.

Regine sah uns erwartungsvoll an. Keine Reaktion, Schweigen.

Unsicher fragte sie: »Nun sagt endlich, wie es gelaufen ist! Habt ihr Spindy, oder ist was schiefgegangen?«

Ich blickte zu ihr auf. Ich war müde, aufgebraucht, gereizt. »Ja, wir haben ihn. Seltsamerweise hat er den Kugelhagel unbeschadet überstanden. Er ist unten im Wagen, Hans bewacht ihn.«

Regine schien noch immer beunruhigt. Etwas konnte nicht stimmen, denn mein Tonfall klang auch für mich mehr nach Niederlage als nach Erfolg. »Was ist los? Ist jemand verletzt? Was ist schiefgegangen? Verdammt, laßt euch doch nicht alles einzeln aus der Nase ziehen!«

Rosa gab sich einen Ruck. Regine hatte ein Recht zu erfahren, wie die Aktion abgelaufen war, auch wenn im Moment keiner von uns das Bedürfnis hatte, über das Geschehene zu reden. »Es wäre um ein Haar alles schiefgegangen. Es war ein Bulle mehr im zweiten Wagen, eben drei statt zwei wie bisher. Und die Typen waren gut, wirklich gut! Die haben keine Sekunde gezögert, sofort reagiert, Deckung gesucht und zurückgeschossen. Es gab 'ne ziemliche Konfusion bei uns, es war einfach alles völlig anders, als wir's in der Planung durchgespielt hatten.«

Regine stieß hörbar Luft aus. »Scheiße, hört sich an, als sei's knapp gewesen ..., aber Hauptsache, ihr seid heil zurück. Wie's aussieht, habt ihr die Situation doch in den Griff gekriegt?«

Ich fuhr jäh aus dem Sitz hoch, begann auf und ab zu laufen. Irgendeine Kraft trieb mich, die Worte platzten nur so aus mir heraus. »Scheiße? Scheiße ist gar kein Ausdruck! Und von wegen, in den Griff gekriegt. Mir sitzt der Schreck noch immer in den Knochen. Gerhard ist einfach quer durch alle Feuerlinien gerannt. Verstehst du? Wir hätten diesen Depp um ein Haar erschossen! Und dann diese Wahnsinnsballerei ... Es war eben nicht nur der eine Bulle mehr und daß diese Truppe besonders gut war. Wir waren überrascht, unkonzentriert, unkoordiniert, einfach schlecht. Panik war's, wir hatten Muffe, alle miteinander!«

Hilde kam zu mir herüber und drückte mich zurück auf den Stuhl. Sie sprach zwar leise, aber die Schärfe in ihrer Stimme ließ mich augenblicklich ruhiger werden. »Noch mal, langsam und vor allem leise. Wenn die Aktion schon um ein Haar schiefgelaufen wäre, werden wir jetzt nicht noch eins drauf setzen und die Wohnung verbrennen, noch eh der Typ überhaupt oben angekommen ist. Wir werden das klären, das ist sicher, aber hier wird nicht mehr rumgebrüllt, von keinem!«

»Gut, gut, okay, hab mich schon eingekriegt. Kommt nicht noch einmal vor, versprochen. Aber das mußte einfach raus, der Druck, so wie die Geschichte gelaufen ist. Eigentlich kann ich sowieso keinem einen Vorwurf machen. Ich hab selbst hirnlos das Magazin leergeschossen. Allerdings, im Gegensatz zu anderen ...«, ich zögerte, sah kurz zu Gerhard hinüber, der zusammengesunken dahockte und die Anschuldigungen über sich ergehen ließ, einfach so, »... hab ich's wenigstens gemerkt.«

Gerhard schien meine Schilderung so sehr zuzusetzen, daß er immer unruhiger hin und her rutschte, bis er es schließlich nicht mehr aushielt. Er stand auf, stellte sich hinter den Stuhl und versuchte, dessen Lehne auszuwringen. »Ich wollte doch nur, daß endlich Schluß ist. Dieser Bullenwichser hat auf Hans geschossen. Der ist gerade mal so davongekommen, habt ihr doch auch so gesehen, oder? Da mußte ich doch einfach was tun.«

Er redete jetzt abgehackt auf Hilde ein, die ihm gegenüber stand. Er redete auf sie ein, als könne sie seine Darstellung bestätigen.

»Verstehst du, Hans konnte sich nur noch mit 'nem Hechtsprung in Sicherheit bringen. Hinter ihm sind die Kugeln reihenweise ins Kofferraumblech geklatscht. Das war der Bulle hinter der Tür auf der Beifahrerseite. Muß frisch vom MEK, SEK oder der GSG 9 gekommen sein, irgendein Spezialtraining, sowas.«

Regine ließ ihn gewähren, sie wollte die Situation nicht noch weiter aus dem Ruder laufen lassen und verlegte sich aufs Zuhören und Nicken. Jetzt aber war der Zeitpunkt gekommen, vorsichtig nachzufragen. »Wenn ich's richtig verstehe, hat also einer der Bullen auf Hans geschossen und du wolltest ...«

Weiter kam sie nicht. Gerhard fuhr ihr, aufgeregt mit den Armen fuchtelnd, ins Wort. »Ja, ja, ich wollte. Ich meine, der Hans stand doch ohne Deckung in der Landschaft, und das Schwein hatte ihn voll im Visier. Und Hilde und Peter konnten ihn von vorn und durch den Wagen einfach nicht erwischen. Der saß auf der Beifahrerseite hinter der Wagentür in Deckung, verstehst du. – Ich hab nicht überlegt, bin einfach los. Um unseren Wagen und Spindys Kiste rum und rauf auf den Kofferraum des Bullenwagens. Von da hab ich ihn gekriegt. Dann war Ruhe, alles vorbei, einfach Ruhe.«

So plötzlich, wie sein Ausbruch begonnen hatte, schien ihn die angestaute Anspannung zu verlassen. Abrupt brach er seine Schilderung ab, setzte sich umständlich und sprach dann leise weiter, als müsse er sich sein Handeln erst einmal selbst erklären. »Ich wollte wirklich nur, daß der aufhört, auf Hans zu schießen.«

Wir alle hatten Gerhard noch nie so verstört erlebt. Sonst gehörte er zu den wenigen in der Gruppe, die selbst einer verfahrenen Situation noch irgend etwas Komisches abgewinnen konnten. Bei allem, was er bisher in der Gruppe und mit uns gemacht hatte, hatte er jedenfalls noch nie so deutlich und so stark Emotionen gezeigt.

»Ich bin mir sicher, hier ist niemand, der deine Motive in Frage stellt. Ich habe den Eindruck, die anderen waren nur erschrocken, daß du einfach losgelegt hast, ohne deine Absicht zu signalisieren und ihnen eine Chance zu geben, sich darauf einzustellen.« Mir tat meine Attacke gegen Gerhard bereits leid. Ich stand auf, ging zu ihm hinüber, stellte mich hinter ihn und begann, ihm die Schultern zu massieren. »Mensch, Kerle, Typ, jetzt entspann dich mal. Es war verdammt mutig von dir, einfach los, quer durch, auf den Kofferraum und reingehalten. Und es war verdammt noch mal ungeheuer leichtsinnig! Du bist durch alle Schußlinien gelaufen, unsere und ihre. Ich hatte den Zeigefinger schon halb gekrümmt, hat wirklich nur noch ein Hauch von Druck auf den Abzug gefehlt, dann wäre die Salve raus gewesen und du ...«

Gerhard löste sich von mir, setzte sich auf und gab sich jetzt Mühe, ruhig zu reden. »Wißt ihr, ich bin ja auch erschrocken über mich selbst. Das lief irgendwie völlig automatisch. Wie in einem Kinofilm, wo du am Ablauf auf der Leinwand auch nichts ändern kannst. Der reine Reflex, null Hirn. Erst dieser irre Krach und dann die unwirkliche Stille. Ich dachte, das war's, das hat keiner auf der anderen Seite überlebt, auch Spindy nicht, die Aktion ist schiefgelaufen, Ende, aus. Trotzdem hab ich Hans das Zeichen gegeben zu checken, ob der Dicke noch lebt. Nachgucken mußte man ja wenigstens. Und Hans ist los, wollte den Typ aus der Karre holen. Dann kam diese Salve, völlig überraschend. Den Bullen hatte ich einfach nicht auf dem Schirm, hab ihn schlicht nicht gesehen. Da bin ich dann los. Schließlich hatte ich doch das Zeichen gegeben, da mußte ich Hans auch wieder rausschlagen?!«

Regine fand, dies sei der richtige Moment, die Diskussion abzubrechen. Sie hatten noch eine ganze Reihe Dinge zu erledigen, die keinen Aufschub duldeten. Auseinander zu dröseln, was in den wenigen Minuten der Aktion alles passiert war, würde Tage in Anspruch nehmen. »Ich will die Diskussion wirklich nicht abwürgen, aber wir werden den Ablauf vermutlich noch hundertmal durchhecheln. Jetzt ist wichtiger, daß wir an den laufenden Geschichten dran bleiben und alles klar Schiff machen, um Spindy nachher raufzuholen und Hans möglichst schnell zu erlösen. Im Schlafzimmer müssen die Mikros noch angeschlossen und versteckt werden. Ich denke, am besten vorn links und rechts unter dem Bettrahmen. Das Tonbandgerät hab ich in der Küche im Schränkchen unter der Spüle untergebracht und von dort ein Loch rüber ins Schlafzimmer gebohrt. Die Mikrokabel kommen unter dem Bett raus. Der ganze Videokram ist auch noch verpackt und sollte mal auf Vollständigkeit durchgecheckt werden. Wie sieht's aus, trinken wir noch schnell 'nen Kaffee und dann los?«

»Und was soll ich machen?« Gerhard klang wie ein verschüchterter Erstklässler. Regine mußte lachen, knuffte ihn in die Seite, zog ihn aus dem Sessel hoch und hinter sich her in die kleine Einbauküche.

»Strafarbeit, ist doch wohl klar. Du wirst erst Kaffee kochen, dann die Waffen nachsehen, reinigen und nachladen und mir, sobald du damit fertig bist, bei der Kommandoerklärung helfen. Jetzt aber Bewegung, alle miteinander.«

Die Worte verfehlten ihre Wirkung nicht. Gerhard schlug die Hacken zusammen, stand stramm und salutierte. Alle schienen zufrieden; wenn er wieder scherzen konnte, ging es ihm schon besser.

»Jawohl, Sir, wird erledigt, Sir, umgehend, Sir!« salutierte Gerhard.

Regine lächelte und winkte lässig ab. »Schon gut, Soldat, Sie dürfen sich rühren.«

Regine sah Gerhard noch einen Moment nachdenklich bei seinen Verrichtungen zu. Sie hielt es offensichtlich für klüger, ihn jetzt in

Ruhe zu lassen. Auch wenn er ein Lächeln zuwege gebracht hatte, sicher rumorte es noch immer in ihm. Ich ahnte, wie sie sich für ihn verantwortlich fühlte, nicht nur, weil sie ein Verhältnis hatten und miteinander schliefen. Sie hatte ihn für das Kommando vorgeschlagen und den Einwand, daß er dann der einzige ohne militärische Ausbildung sei, nicht gelten lassen. Hatte er nicht bei der Kohlegeschichte cool und professionell seinen Job in der Bank durchgezogen? Und beim Check von Spindy war er es gewesen, der sie und Hans aus einer ziemlich brenzligen Situation herausgeholt hatte.

Ich mußte unwillkürlich an diese Geschichte denken. Die beiden hatten sich an Spindys vermuteter Fahrtroute plaziert und einen auf Panne gemacht. Nur daß dann die Freunde und Helfer in Grün gekommen waren, um nachzufragen, ob sie helfen könnten oder einen Abschleppdienst verständigen sollten. Hans hatte sich in eine ziemlich schräge Auseinandersetzung mit einem der Ordnungshüter hineingehaspelt, als Gerhard, der das ganze von der anderen Straßenseite beobachtet hatte, herüberspaziert kam und den hilfreichen Passanten mimte.

»Ach, ein Alfa, sensibles Autochen, verschluckt sich der Vergaser gern mal. Na, da haben Sie aber Glück, zufällig bin ich so etwas wie ein Experte für Alfa-Wehwehchen. Darf ich mal?«

Und dann hatte er Hans und den Bullen zur Seite geschoben, sich unter der Motorhaube verkrochen, und ehe die Ordnungshüter auch nur sein Erscheinen einordnen konnten, war die Maschine unter dem gekonnten Griff des Fachmanns wiederbelebt worden. Freude und Erleichterung auf allen Seiten. Hans und Regine hatten nach dem Versprechen, umgehend eine Werkstatt aufzusuchen, fortfahren können.

Aber bei diesem Vorfall war es um eine spontane Intervention gegangen. Regine machte jetzt auf mich den Eindruck, als sei ihr nicht mehr ganz wohl dabei, aus dieser Situation die Schlußfolgerung gezogen zu haben, Gerhard könne auch mit dieser Aktion umgehen. Es schien mir, als hätte sie sich vorgenommen, ihren Gerhard in den kommenden Stunden und Tagen nicht mehr aus den Augen zu lassen.

DIE ERSTE LÜGE

Wir hatten bis ein Uhr nachts gewartet. Dann hatte Gerhard einen kurzen Gang ums Haus gemacht und war mit der beruhigenden Nachricht zurückgekehrt, daß bis auf eine Wohnung am anderen Ende des Blocks überall die Lichter ausgegangen waren. Die Nachbarn schliefen in ihren Betten einem neuen Arbeitstag entgegen. Daran hatte auch die Nachricht vom brutalen Überfall auf die Fahrzeugkolonne des Arbeitgeberpräsidenten nichts geändert. Vier Tote, drei Polizeibeamte und der Fahrer des Arbeitgeberpräsidenten, der offenbar von einem Kommando der RAF entführt worden war.

Wir hatten uns kurz zusammengesetzt und besprochen, wer beim Transport von Schleyer von der Tiefgarage in die Kommandowohnung welche Position einnehmen sollte und wie zu reagieren sei, sollte doch noch jemand im Haus herumgeistern.

Rosa würde mit Hilde zusammen im Lift bis zur Tiefgarage fahren. Hilde würde am Lift stehenbleiben und ihn blockieren, während Rosa zum Wagen gehen, sich hineinsetzen und Hans durch den Durchlaß zum Kofferraum Bescheid sagen würde. Dann sollte sie wieder aussteigen, den Kofferraum aufschließen, um Schleyer und Hans herauszulassen. Hans mußte dem Gefangenen noch im Kofferraum eine undurchsichtige Schweißerbrille aufsetzen, damit dieser später weder die Umgebung noch die über das Kommando hinaus Beteiligten identifizieren könnte.

Dann würden sie mit Schleyer durch die Tiefgarage zum Lift gehen und mit Hilde zusammen hinauf zur Wohnung fahren. Während sie unterwegs waren, hatte Gerhard oben das Treppenhaus vor dem Lift, den Flur und die Situation vor dem Haus im Auge zu behalten. Dann konnten sie nacheinander alle in die Wohnung zurückkehren, wo Regine und ich auf sie warten würden.

Regine war von uns allen am neugierigsten, den Boß der Bosse endlich zu Gesicht zu bekommen. Keiner in der Gruppe, außer vielleicht Gerhard, kannte diesen Mann so genau wie sie. Sie hatte zusammen mit Gerhard alle greifbaren Bücher über ihn gelesen, Hunderte von Artikeln in Fachzeitschriften studiert und alles über ihn zusammengetragen, was sich ermitteln ließ. Tage hatte sie in Archiven und Bibliotheken verbracht, fotokopiert und notiert, was dort über Schleyer zu finden war. Drei Leitzordner voll, beschriftet mit »Spindy«, waren so zusammengekommen.

Die letzten Minuten vor der »Umtopfung«, wie wir die Transporte Schleyers untereinander nannten, schienen sich endlos zu ziehen. Wir hatten Monate gebraucht, um alles über ihn zusammenzutragen. Wir hatten Wochen damit verbracht, seine Fahrtrouten und den zweiten, geheimgehaltenen Wohnsitz zu ermitteln. Es hatte Tage gedauert, bis wir ihn endlich zum ersten Mal zu Gesicht bekommen hatten. Es war das viel zu langsame Vorrücken des Minutenzeigers in dieser Nacht, das mehr Nerven kostete, als jedes Warten zuvor.

Jeder im Kommando wußte, daß die größte Gefahr für die Aktion erst dann überstanden war, wenn wir Schleyer endlich hier oben im »Bunker« hätten. Regine wollte diese Wartezeit überbrücken und fragte in die Runde, was Schleyer wohl als erstes sagen würde, wenn wir ihm die Schweißerbrille abnahmen.

Ich war der einzige, der darauf einging, Hilde und Gerhard waren noch immer zu sehr damit beschäftigt, das Geschehene zu verdauen. »Was wird er schon sagen nach dem aufregendsten Tag seines Lebens und nachdem er Stunden mit Hans im Kofferraum liegen mußte: Wo ist hier die Toilette?«

Selbst über Gerhards Gesicht huschte ein Lächeln. Aber er schien sich dieses Zeichen von Lockerung selbst schnell übelzunehmen.

»So einer denkt doch zuerst und zuletzt an sich selbst. Was habt ihr mit mir vor? Wollt ihr mich austauschen? Werdet ihr mich erschießen? Ich wette, was anderes interessiert den nicht!«

»Ich weiß nicht, vielleicht wird er nur völlig fertig sein, stumm dahocken und darauf warten, was wir sagen oder tun?« Hilde dachte wohl noch immer an Schleyers verwirrten Blick, als Hans ihn aus dem zerschossenen Wagen gezogen hatte.

Regine hatte die Frage aufgebracht. Von ihr kam die letzte Einschätzung. »Das glaube ich nicht! Keiner kommt in so eine Position, wenn er sich nicht in extremen Situationen schnell wieder im Griff hat. Was auch immer er als erstes sagen oder fragen wird, er wird es sich genau überlegen und eine Absicht damit verfolgen, da bin ich mir relativ sicher.« Sie sah auf die Uhr. »Also los, bringen wir es hinter uns.«

Und so geschah es. Hilde und Rosa gingen hinunter in die Tiefgarage. Rosa befreite Schleyer und Hans aus dem Kofferraum, und gemeinsam brachten sie ihn mit dem Lift nach oben und in die Wohnung. Niemand kam dazwischen, keiner sah oder hörte etwas. Der ganze Vorgang dauerte vielleicht fünf oder sechs Minuten. Trotzdem waren wir alle wie erlöst, als sich die Wohnungstür endlich hinter dem letzten Rückkehrer schloß.

Schleyer hatten sie in die Mitte genommen. Er konnte nichts sehen, ließ sich aber willig von ihnen führen, auch wenn er sehr schwach zu sein schien. Erst jetzt, als sie mit ihm im Flur der Kommandowohnung standen, konnte man ihn genauer betrachten. Nach allem, was passiert war, sah er eher aus wie ein Obdachloser, der die letzte Nacht unter einer Brücke verbracht hatte. Seine Kleidung war derangiert. Er war groß, korpulent, hatte diese Burschenschaftler-Schmisse im Gesicht und wirkte wie ein tapsiger Betrunkener.

Nachdem sich Regine eine Skimaske aufgesetzt hatte, nahm Hans Schleyer die Schweißerbrille ab. Der Mann sah sich blinzelnd um, und Hans gab ihm Zeit, sich an das helle Licht zu gewöhnen. Dann machte er die Tür zur »Dunkelkammer« auf, einem Einbauwandschrank, der rundherum mit einer dicken Schicht Schaumstoff ausgeschlagen war.

In dem winzigen Gelaß, grell ausgeleuchtet durch eine nackte Glühbirne, war kaum mehr Platz als für den Stuhl in der Mitte und eine darauf sitzende Person. Neben diesem Stuhl schaute ein in der

Wand verdübelter Eisenring aus der dicken Schaumstoffpolsterung. An diesem hing eine Handschelle.

Hans wandte sich an Schleyer und deutete auf das Schrankinnere. »Sieh dir das genau an. Wenn du dich daneben benimmst, unseren Anweisungen nicht folgst oder im falschen Moment laut wirst, kommst du da rein und wirst angekettet. Hast du das verstanden?«

Schleyer sah in das Verlies, schien aber noch immer viel zu verwirrt, um das Gesagte auf sich zu beziehen, er antwortete nicht. Hans zog ihn weiter ins Schlafzimmer. Hier stand ein Doppelbett, dem gegenüber an der Wand eine Matratze lag. Auf der Matratze war ein Stapel aus einer Wolldecke, einem Kissen, einem Unterhemd und einer Unterhose aufgetürmt.

»Okay. Die Matratze und ein Meter um sie herum sind dein Terrain. Wenn nichts anliegt, kannst du dich hinlegen, hinsetzen, lesen oder auch mal hin und her marschieren. Aber keinen Schritt weiter. Du wirst die ganze Zeit bewacht werden. Jeder von uns, der auf dich aufpaßt, hat eine schußbereite Waffe und wird nicht zögern, dich zu erschießen, solltest du auf eine dumme Idee kommen!«

Er nickte und ging hinüber zur Matratze, um sich mit leisem Ächzen auf ihr niederzulassen. Wir standen gespannt herum in Erwartung, daß er nun irgend etwas sagen müsse. Er schien das zu spüren.

»Sagen Sie mir bitte, was aus meinem Fahrer geworden ist? Sie haben doch inzwischen sicherlich Nachrichten gehört, hat er die Sache überlebt?«

Für einen Augenblick herrschte peinliches Schweigen. Was sollten wir ihm antworten? Fragende Blicke wurden in die Runde geschickt, aber keiner von uns wollte eine Antwort geben.

»Deinem Fahrer geht es gut. Er hat ein paar Schrammen abgekriegt, aber das ließ sich nicht vermeiden.« Hans gab sich Mühe, überzeugend zu klingen, aber ich bin mir nicht sicher, ob er Schleyer wirklich überzeugt hat.

EIN WACHWECHSEL

Oberste Regel für unser nächtliches Tun war, daß alles leise zu passieren hatte. Keinesfalls durfte etwas vom Geschehen in der Wohnung nach außen dringen.

Was aber sollte ich tun, als nach Ablauf meiner ersten Nachtwache, die sechs Stunden gedauert hatte, um vier Uhr in der Früh einfach keiner meiner Genossen zur Ablösung erschien? Natürlich, zuerst einmal öffnete ich vorsichtig die Tür zum Flur, um zu horchen, ob meine Ablösung vielleicht noch im Bad oder der Küche hantierte und gleich erscheinen würde. Aber trotz angestrengten Lauschens konnte ich kein Geräusch vernehmen.

Ich rief leise, »He, kommt vielleicht mal einer?!« in den Flur hinaus. Die Lautstärke erschien mir gerade noch verantwortbar. Aber es war keine Reaktion auszumachen. Ich sah zu dem Gefangenen hinüber. Hanns-Martin Schleyer lag auf seiner Matratze, war wach und verfolgte äußerst interessiert meine Versuche, die Situation zu meistern. Ich rief noch einmal, diesmal etwas lauter und schärfer, und hoffte inständig, damit einen der in den zwei angrenzenden Zimmern Schlafenden zu wecken.

Die Tür zum Flur geöffnet und lauschend, wiegte ich mich einen Moment lang in der Illusion, es habe jemand mein Rufen gehört. Es gab auch etwas zu hören – sogar so deutlich, daß es auch der Gefangene hören konnte. Da schnarchte jemand vernehmlich. Wie peinlich. Ich sah zu unserer Geisel hinüber, Schleyer lächelte.

Was sollte ich jetzt tun? Einen Augenblick dachte ich daran, Schleyer zu fesseln und dann nach nebenan zu gehen, meine verschlafene Ablösung zu wecken und ihr gehörig die Meinung zu sagen! Aber dazu hätten die Handschellen hier und nicht nebenan im Aufenthaltsraum sein müssen.

Es blieb mir gar nichts anderes übrig, als abzuwarten, bis der Langschläfer irgendwann wach werden und hoffentlich vor Schreck von der Matratze fallen würde. Völlig unerwartet sprach mich Schleyer plötzlich leise an: »Mein Mitgefühl, das Problem kenne ich. Mein Fahrer schafft es manchmal, den Wecker einfach zu überhören.«

Ich fühlte mich in der Zwickmühle. Sollte ich ihm gegenüber einräumen, daß ein Mitglied dieser ernst zu nehmenden terroristischen Vereinigung schlicht verschlafen hatte? Eher war ich geneigt, das Ganze zu kaschieren, zu vertuschen und zu behaupten, die Ablösung habe noch etwas Wichtiges zu tun und komme deswegen später.

Und um der Ehre der Gruppe willen und um die Peinlichkeit des Augenblicks zu überwinden, versuchte ich es mit einer Notlüge. »Zu blöd, aber das ist mein Fehler. Ich hab doch glatt vergessen, daß ich heut Nacht 'ne Stunde länger machen soll. Gerhard hat eine Erklärung ausgearbeitet und deswegen um eine Stunde Zugabe gebeten.«

Lügen haben kurze Beine, kaum hatte ich den Satz ausgesprochen, ging eine Tür auf, Gerhard schlurfte über den Gang, kam zu uns herein, gähnte laut und reckte sich. »Tut mir wirklich leid, hab wohl wieder diesen komischen Wecker nicht gehört.«

Bevor ich ihm die Waffe übergab und den Raum verließ, sah ich noch einmal zu Schleyer hinüber. Der drehte sich gerade mit einem amüsierten Lächeln zur Wand.

TÜCKEN DER TECHNIK

Es hatte wieder einmal alles länger gedauert als geplant. Eine schier endlose Feilscherei um jeden Satz, bis der Gefangene und wir uns über Inhalt und Aussage der nächsten Video-Erklärung verständigt hatten. Und dann ein Problem, für das uns auch keine Lösung einfiel, einfach weil sich keiner von uns wirklich im Umgang mit diesem Equipment auskannte. Die Kamera meldete beharrlich eine Fehlfunktion, die, nach längerem Studium der Bedienungsanleitung, von uns als Unterbelichtung interpretiert wurde. Hans schlug vor, einfach einige Sekunden aufzunehmen und sich dann das Ergebnis auf dem Monitor anzusehen. So geschah es. Auf dem Monitor saß eine fast durchscheinende, ätherische Gestalt vor der Kamera, kaum Kontrast, keine Konturen, alles milchig. Gerhard änderte die Belichtungseinstellung, und erneut wurden einige Meter Band bespielt. Das Ergebnis unterschied sich von der ersten Fassung im wesentlichen dadurch, daß es jetzt zwar ein wenig mehr Kontrast gab, dafür aber die Umrisse so etwas wie eine Aura hatten.

Wir hatten uns schließlich, nach einigen weiteren Versuchen, auf eine Fassung verständigt. Weil dieser Kompromiß dennoch wenig zufriedenstellend war, hatte ich mir vorgenommen, mich während der Nachtwache in die umfangreiche Gebrauchsanweisung zu vertiefen, um vielleicht einen Hinweis darauf zu finden, was wir falsch machten.

Schleyer hatte unsere Bemühungen registriert, aber seine kurze Passage stoisch immer wieder verlesen, ohne die Wiederholungen zu kommentieren. Auch als er nach dem Wachwechsel zusah, wie ich mit Kamera und Bedienungskompendium meinen Platz auf dem Bett einnahm, sagte er lange Zeit nichts. Wenn ich von meinen Studien aufblickte, sah ich, wie er an die Wand gelehnt in einem Buch las. Ich kam nicht recht weiter, die vielen neuen Begriffe zu verstehen und den Kamerafunktionen zuzuordnen, nahm mich völlig in Anspruch.

Als ich erneut aufsah, hatte Schleyer sein Buch beiseite gelegt. »Und, schon herausgefunden, warum es vorhin nicht richtig funktioniert hat?«

Der verständnisvolle Tonfall machte es mir leicht, darauf einzugehen. »Dieses Teil ist voll von englischen Fachbegriffen, die nirgends richtig erklärt werden, und den deutschen Text muß ein Hilfsschüler verfaßt haben!«

»Das Gerät ist noch sehr neu, eine mobile Kamera von dieser Größe habe ich noch nie gesehen«, sagte Schleyer.

»So neu auch wieder nicht – aber es ist das erste Gerät mit einem Halbzoll-Bandaufnahmegerät, das auch mit einem Akku betrieben werden kann. Wenn es funktioniert, kann dieses Format relativ problemlos vom Fernsehen übernommen werden.«

Meine Lustlosigkeit mußte deutlich durchgeklungen haben, trotzdem nahm Schleyer nach einer kurzen Pause den Faden wieder auf. »Ihr betreibt ziemlich viel Aufwand in dieser Hinsicht, Videokamera, Fotoapparat, Tonbandgerät, elektrische Schreibmaschine, ich bin zwar Laie, aber das sieht alles sehr professionell aus.«

Ich empfand das Kompliment als zwiespältig, schließlich hatten wir als Bedienungspersonal dieser tollen Technik heute nicht gerade geglänzt. »Wir bemühen uns, aber wie du ja gesehen hast, es klappt nicht immer auf Anhieb«, beschied ich ihn knapp und kehrte zu meiner Lektüre zurück. Damit war der Austausch für mich beendet.

Aber Schleyer paßte einen Moment ab, an dem ich unterbrach, um kontrollierend zu ihm hinüber zu sehen. »Und wie handhabt ihr das? Es muß doch sehr viel Zeit kosten, sich in all das hineinzuarbeiten. Ich nehme ja nicht an, daß ihr vorher beruflich mit solchen Dingen befaßt wart?«

Vielleicht fühlte ich mich ein wenig bei meiner Ehre gepackt, jedenfalls legte ich die Gebrauchsanweisung beiseite. »Wir machen das ja nicht wahllos. Um mithalten zu können, müssen wir uns einfach in bestimmten Gebieten auf dem laufenden halten. Ohne Foto- und Reprotechnik kann man keine guten Papiere fälschen. Wenn man sich mit Funkfrequenzen nicht auskennt, kann man keinen Polizeifunk abhören. Und wenn Herold meint, er könne uns mit Großcomputern zur Strecke bringen, kann's durchaus sein, daß wir uns auch damit befassen müssen. Ist einfach so, sich in Europa im Untergrund zu halten, ohne sich bestimmte Techniken anzueignen, würde nicht mehr funktionieren.«

»Ach, der Herold. – Der hat doch noch nicht begriffen, daß euch so nicht beizukommen ist. Was nützen denn alle seine tollen Rechner, wenn er nur phantasielose Pedanten hat, um sie zu füttern. Der hat doch von Schmidt gekriegt, was immer er verlangt hat. Und was hat das gebracht ...«

Diese Reaktion überraschte mich. Bei allen bisherigen Gesprächen hatte sich Schleyer, wenn ihm von uns Einschätzungen anderer Personen abverlangt wurden, immer bemüht, Negatives zu vermeiden oder doch so abzumildern, daß wir daraus keinen Honig saugen konnten. Er hielt einen Augenblick inne, bevor er fortfuhr. Vielleicht bedauerte er, sich gehengelassen zu haben. »Ich sehe ja, wie ihr die Dinge anpackt. Sicherlich, nichts ist perfekt, vieles mehr recht als schlecht, aber ihr traut euch, ihr versucht es einfach, und ich denke, daß das auch eure Stärke ist. Meine Erfahrung besagt jedenfalls, daß das beste Equipment nichts nützt, wenn die Motivation bei denen nicht stimmt, die damit umgehen sollen.«

»Ich denke ja auch, daß die BKA-Computer nicht unser größtes Problem sind, aber es ist doch so, daß wir ständig gezwungen sind aufzupassen, damit wir nicht eine Entwicklung verpassen, die für uns zur Falle werden könnte. Die Rasterfahndung ist nur eine Gefahr. Neue Personalausweise und neue Überwachungsmethoden, Kameras überall, ständig kommt etwas Neues dazu.«

Erst später bemerkte ich, daß sich die Fronten zwischen uns seltsam verschoben hatten. Hatte nicht er Herolds Tun sehr abschätzig bewertet? Und ich hatte angefangen, ihm zu erklären, wo uns der BKA-Chef mit seinem Maßnahmenbündel wirklich zuzusetzen begann. Aber ich hatte die Stoßrichtung seiner Argumentation vielleicht noch nicht begriffen.

»Ach was. Wenn ihr euch auf all das einlaßt, auf jede neue Front, die der aufmacht, dann werdet ihr euch irgendwann so verzetteln, daß gar nichts mehr geht.«

Ich war verblüfft. Was Schleyer eben gesagt hatte, glich aufs Haar der Kritik, die von einigen RAF-Mitgliedern an der Entwicklung in der Gruppe geübt worden war. Er konnte das nicht wissen, keine unserer Diskussionen darüber hatte vor seinen Ohren stattgefunden. Neugierig geworden wollte ich jetzt genauer wissen, woher sich seine Einschätzung speiste.

»Du hast sicherlich recht, auf so etwas wie ein Wettrüsten können wir uns nicht einlassen. Aber trotzdem, wir können auch nicht ignorieren, daß Herold dabei ist, einen Riesenapparat gegen uns aufzubauen. Auch wenn der vielleicht nach deinen Kriterien nicht besonders effizient ist, uns kann er gefährlich genug werden. Wegtauchen und sich darauf verlassen, daß einem schon etwas dazu einfällt, wenn es soweit ist, das kann in unserer Situation tödlich sein.«

Die entstehende Pause zog sich so lang hin, daß ich schon dachte, er habe die Lust an der Auseinandersetzung verloren.

»Das verstehe ich schon. Aber«, er deutete kurz auf die vor mir liegende Kamera, »solche Geräte sind doch nur Hilfsmittel, haben nur dann einen Zweck, wenn sie in einer bestimmten Absicht eingesetzt werden. Auch wenn ich es Ihnen nicht verständlich machen kann, ich bin mir sicher, die meisten Kriege werden in den Köpfen entschieden. Sonst fangt ihr ja immer davon an, aber ich habe diese leidvolle Erfahrung im Zweiten Weltkrieg machen müssen. Da war es doch zum Schluß so, daß wir das schnellste Flugzeug gebaut und die ersten Mittelstreckenraketen entwickelt hatten, das beste Maschinengewehr der Welt produzierten und so weiter und so weiter . . ., aber den Krieg, den Krieg haben wir verloren!«

»Und den habt ihr also in euren Köpfen verloren?«

»Ja, nur dort . . . Was uns anfänglich beseelt hat, von dem wir dachten, daß es unsere Stärke sei, das entpuppte sich in Wirklichkeit als unsere Achillesferse. Wir waren doch qua Herkunft überlegen, die Herrenrasse, da konnte doch nichts schiefgehen. Alles Ballast, Unsinn, aber wir hatten diesen Glauben, darauf fußte alles, wie also wieder davon wegkommen, selbst wenn jeder sehen konnte, wie weit

Anspruch und Wirklichkeit auseinanderklafften. Mit dem elitären Überlegenheitsquatsch waren wir uns selbst auf den Leim gegangen und hatten uns gleichzeitig jeden und alle zum Feind gemacht. Der Rest der Welt wollte einfach nicht unter uns Herrenmenschen leben.«

Ich fühlte mich augenblicklich besser. Aber wenn ich geglaubt hatte, daß Schleyers Ausführungen ein Eingeständnis waren, hatte ich ihn immer noch nicht richtig verstanden.

»Ihr seid dabei, in eine Sackgasse zu laufen! Ihr kämpft für die richtige, die überlegene Sache, das macht eure Stärke aus. Eure wirklichen Probleme fangen da an, wo ihr alle übrigen davon überzeugen wollt, nein, überzeugen müßt. Ihr werdet nicht scheitern, weil in Herolds Computern etwas gespeichert ist, das alle eure Bestrebungen zunichte macht, ihr werdet verlieren, weil sich Veränderungen in den Köpfen der Massen nicht erzwingen lassen – so ähnlich würdet ihr das doch formulieren, oder?«

Mir war die Wendung, die dieses Gespräch genommen hatte, mehr als unangenehm. Nicht genug damit, daß wir uns heute – jedenfalls aus meiner Sicht – ziemlich vor dem Gefangenen blamiert hatten, jetzt begann er auch noch, einige von den Widersprüchen zu benennen, die wir in unseren internen Auseinandersetzungen aussparten, um nicht den Gruppenzusammenhalt zu gefährden. Hans hatte vor ein paar Tagen während eines Streits unter uns geäußert, er habe das Gefühl, es gebe immer mehr Tabuthemen in der Gruppe, und diese Entwicklung werde zwangsläufig dazu führen, daß wir uns voreinander und nach außen isolierten. Er war dafür von allen Seiten heftig attackiert worden, auch von mir. Vielleicht war es dieser Umstand, der dazu führte, daß ich meine Antwort so scharf und aggressiv formulierte.

»Es kann schon sein, daß wir am Ende scheitern werden. Deine Vergleiche mit euren NS-Geschichten verbitte ich mir trotzdem. Wir wollen nicht alle ausrotten, die wir vorher für minderwertig erklären, und wir glauben auch nicht, daß irgendwer zu einem solchen Urteil über andere ein Recht hat. Das, was ihr gewollt habt, wofür solche Typen wie du gestanden haben, ist genau das, wogegen wir immer kämpfen werden. Das ist letztlich auch der Grund dafür, daß du jetzt hier hockst!«

STEMPELKUNDE

Ich hatte mir Arbeit mitgenommen: vergrößerte Stempelvorlagen, die, auf ein Zeichenbrett geklemmt, mit schwarzem Fineliner nachgezogen werden mußten, um die oft verwaschenen Konturen zu schärfen. Es war eine sehr ruhige, fast meditative Arbeit. Ich wollte nicht reden in dieser Nacht. Alles war festgefahren. Verhandlungen, die keine waren, keine neuen Ideen unsererseits, wie diese Situation aufgebrochen werden könnte.

Als ich ins Zimmer kam, erhob sich Rosa, übergab mir die Waffe und ging wortlos hinaus. Schleyer saß auf einem Stuhl, der neben dem Kopfende der Matratze stand, und las Zeitungsartikel. Ich sagte hallo, stellte mir die Nachttischlampe so ein, daß ein heller Lichtkegel auf das Zeichenbrett fiel. Dann setzte ich mich im Schneidersitz auf das Bett, legte die Waffe griffbereit zurecht und begann, den ersten Stempel zu bearbeiten.

Schleyer hatte auf- und mir zugesehen, bis ich mit dem Nachzeichnen begann, dann wandte er sich wieder den Zeitungsausschnitten zu. Wenig später war ich völlig darin aufgegangen, einem Wappenhirsch sein abgewetztes Geweih zurückzugeben. Die Stempel, von denen die Vergrößerungen abgenommen waren, hatten alle ihre individuellen Macken, die es zu egalisieren galt, bevor sie wieder verkleinert und als Negativ zur Belichtung einer Platte taugten. Das verlangte ein gewisses Maß an Konzentration, ließ aber Raum, um die Gedanken schweifen zu lassen. Es mochte eine halbe Stunde vergangen sein, bis ich den ersten Stempel prüfend noch einmal von nahem betrachtete. Sah gut aus. Ich schaute zu Schleyer hinüber. Er hatte seine Lektüre vermutlich schon eine Weile beendet, die Ausschnitte lagen auf dem Bett. Er saß jetzt vornüber gebeugt, die Ellbogen auf die Knie gestützt, die Hände unterm Kinn gefaltet und sah mich an.

Ich legte den Stempel beiseite und wollte gerade einen neuen aus dem Packen heraussuchen, als er mich ansprach.

»Darf ich mal sehen?«

Konnte ich, sollte ich? Er würde beschreiben können, was er in den Händen gehalten hatte. Was würde das aussagen? Daß wir Stempel fälschten und wie in etwa das vor sich ging. Das hatten die BKA-Spezialisten bei den Ausweisen, Pässen und Führerscheinen, die ihnen bereits in die Hände gefallen waren, sicherlich längst herausgefunden. Eigentlich also kein Geheimnis. Ich kam aus der Hocke hoch und reichte Schleyer die Vergrößerung.

Er betrachtete sie sehr genau, dann lachte er. »Land Baden-Württemberg, Kfz-Zulassungsstelle Stuttgart ... sehr akkurat, aber vielleicht doch ein wenig zu groß geraten?«

Im Moment seiner Frage bedauerte ich, ihm das Blatt gegeben zu haben. Ich streckte die Hand aus, und er gab mir die Vorlage zurück.

»Läßt sich so leichter bearbeiten«, sagte ich knapp.

Er zeigte auf den Packen, der neben dem Zeichenbrett lag. »Das sind ja ziemlich viele, da müßt ihr aber fleißig gesammelt haben!«

Darüber würde ich nun wirklich nichts sagen, das ging ihn nichts an. »Hör zu, ich will dieses Pensum heute nacht abarbeiten. Wenn du was lesen willst, ein Buch ...«

Ein verneinendes Kopfschütteln. Er stand auf, begann sich auszuziehen, hängte erst die Hose über die Stuhllehne, dann das Hemd darüber, steckte zum Schluß die aufgewickelten Socken in die Sandalen. Als er sein Bett gerichtet und sich hingelegt hatte, hatte ich bereits die nächste Vorlage auf das Zeichenbrett geklemmt. Ein Niedersachsenpferd stand auf seinen Hinterbeinen. Als Dauerposition ziemlich unbequem. Ich mußte lächeln, ließ das Pferdchen stehen, wie es war, und widmete mich den Buchstaben, oben halbkreisförmig »Einwohnermeldeamt«, in der Gegenposition unten »Stadt Lüneburg«. Knapp zwanzig Minuten später war ich fertig. Das Original war offenbar noch sehr neu gewesen, deshalb gab es nicht viel nachzubessern.

Aus dem Augenwinkel registrierte ich eine Bewegung in Schleyers Ecke. Er setzte sich auf, nahm den zuoberst liegenden Zeitungsausschnitt zur Hand und begann, ihn erneut zu lesen.

Mein nächster Sanierungsfall war ein arg ramponierter Bayernlöwe. Ich zog den Fineliner aus der Kappe und begann mit der Mähne. Als ich das nächste Mal aufsah, hatte sich Schleyer wieder hingelegt und kehrte mir den Rücken zu. So leise wie möglich stand ich auf, war mit zwei Schritten neben der Matratze und nahm die Zeitungsausschnitte mit zurück aufs Bett. Der obenauf liegende Artikel war aus einer überregionalen Tageszeitung und trug die Überschrift »Die Ziele der RAF – Eine Analyse«. Ich war neugierig geworden, wollte wissen, warum Schleyer ausgerechnet diesen Ausschnitt zweimal gelesen hatte. War uns womöglich schon wieder ein Fehler unterlaufen, hatten wir etwas übersehen?

»Interessant, nicht wahr ... wenn auch nicht gerade schmeichelhaft für Sie.«

Ich fuhr hoch und kippte dabei das Zeichenbrett vom Nachtschrank. Scheppernd ging es zu Boden. Im Nu war ich auf den Beinen und ergriff die Waffe.

»Entschuldigung, ich wollte Sie nicht ...«

»Schnauze!« zischte ich gedämpft.

Einen Augenblick lang herrschte völlige Stille, dann hörte ich, wie sich draußen jemand bewegte. Ich öffnete die Tür, Karl in Unterhose, schlaftrunken, aber mit der Pistole im Anschlag, stand in der Mitte des Flurs.

»Alles okay, das Zeichenbrett ist mir runtergefallen, tut mir leid!«

Er ließ die Waffe sinken, tippte mit dem Finger gegen die Stirn und verschwand ohne ein Wort im Aufenthaltsraum.

Als ich die Tür wieder geschlossen hatte, ging ich zur Matratze. Schleyer saß inzwischen aufrecht, mit dem Rücken an die Wand gelehnt. Ich beugte mich zu ihm hinunter, bis mein Gesicht dicht vor seinem war.

»Mach das nie wieder!« Ich sprach leise, betonte jedes Wort einzeln.

Schleyer sah zur Seite und rutschte so weit wie möglich nach hinten. »Okay, ist in Ordnung, kommt nicht wieder vor«, flüsterte er.

Ich saß wieder auf dem Bett. Jetzt begann das Frösteln. Adrenalinstöße entfalten den Höhepunkt ihrer Wirkung meistens erst viele Sekunden nach dem auslösenden Ereignis. Nachdem das Zeichenbrett wieder auf dem Nachttisch lag, legte ich mich einen Moment aufs Bett zurück und schloß die Augen. Meine Haut war dünner geworden, sonst würde ich nicht so sehr flattern. Ich kam wieder hoch, sah auf meine Vorlagen, verwarf aber den Gedanken, weiter zu zeichnen. Die Konturen sollten ja geschärft und nicht ausgefranst werden.

Schleyer, jetzt sehr bemüht, kein überflüssiges Geräusch zu machen, legte sich auf den Rücken, faltete die Hände über dem Bauch und starrte zur Decke.

Ich nahm den Artikel. Da stand, daß aus den bisherigen Publikationen der RAF keine genaue Zielsetzung herauszulesen sei. Der größte Teil der Veröffentlichungen bestehe aus der ideologisch-politischen Rechtfertigung begangener Straftaten oder dem Versuch, die Notwendigkeit des bewaffneten Kampfes zu begründen. Es gebe zwar in den frühen Schriften noch Ansätze zur Gesellschaftsanalyse, aber auch diese wenigen Dokumente würden vor allem verdeutlichen, warum wir es für richtig hielten zu kämpfen. Der Artikel schloß mit der Feststellung, daß die Veröffentlichungen der Gruppen in einer kaum verständlichen Sprache verfaßt seien, das würde ihre eigentliche agitative Ausrichtung konterkarieren.

Ich sah wieder zu Schleyer. Er war immer noch wach, hatte seine Position in den letzten Minuten aber nicht verändert. Ich versuchte mir vorzustellen, welches Bild er von uns haben mochte. An unserer Entschlossenheit dürfte er kaum Zweifel hegen. Ihm war sicherlich dennoch nicht entgangen, daß Plan- und Ratlosigkeit bei uns wuchsen, je länger sich die Aktion hinzog. Ich ließ die bisherigen Diskussionen noch einmal Revue passieren und kam zu dem Ergebnis, daß er dabei ganz sicher mehr über uns erfahren hatte als wir Neues über ihn.

Einem plötzlichen Impuls folgend, fragte ich leise: »Willst du noch reden?«

Er drehte sich langsam auf die Seite, stützte seinen Kopf auf den angewinkelten Arm. »Du hast das gelesen?«

Ich nickte.

»Mich würde wirklich interessieren, was nach eurer Revolution kommen soll, einmal unterstellt, sie würde stattfinden?«

»Wir glauben nicht, daß es sinnvoll ist, jetzt Pläne dafür zu schmieden. Die würden sich vermutlich zur Realität nach dem Ende der Kämpfe ebenso verhalten wie die Planvorgaben im Ostblock zu den wirklichen Produktionsergebnissen. Wir denken, daß sich die meisten Zielsetzungen im und durch den Kampf herauskristallisieren werden, als Ergebnis der Diskussionen und der Prozesse unter denjenigen, die ihn führen.«

Eine lange Zeit herrschte Schweigen.

»Es gibt sechzig Millionen Menschen in diesem Land, die wollen arbeiten, essen, trinken, ein Dach über dem Kopf. Und ihr glaubt wirklich, daß euch ein System, ein Weg zumindest, diese Minimalbedürfnisse befriedigen zu können, bei der Zerstörung des Bestehenden quasi nebenbei einfällt? Das kann ich nicht glauben!« Obwohl er sehr leise sprach, konnte ich Schleyer gut verstehen.

»Als Mao mit seiner Bauernarmee auf den langen Marsch gegangen ist, wußte er auch noch nicht, wie die zukünftige Volksrepublik China aussehen und wie ihre Ökonomie funktionieren könnte. Als es dann die ersten befreiten Gebiete gab, entstanden auch neue Verwaltungsstrukturen, einfach als notwendiger Reflex auf das, was es zu organisieren galt. Was die Massen nicht mehr wollten, die alte korrupte und bestechliche Bürokratie, wurde ersetzt durch Selbstverwaltung an der Basis. Natürlich ist dieses Modell nicht einfach übertragbar, das ist uns klar. Daß sich ein solcher Prozeß hier anders gestalten würde, weil eben auch die Bedingungen und Voraussetzungen anders aussehen, versteht sich von selbst.«

Schleyer drehte sich zurück auf den Rücken und kreuzte die Hände unter dem Kopf. »Soweit ich weiß, sind bei diesem Massenexperiment erst einmal Millionen Chinesen verhungert. Außerdem ist es eine Sache, so etwas in einem überwiegend landwirtschaftlich ausgerichteten Land zu versuchen. In einer Gesellschaft, wo die meisten Menschen von der Produktion und dem Verkauf von Industriegütern leben, wären die Auswirkungen wohl weit schlimmer. Mir kommt eure Idee ehrlich gesagt wie eine zum Konzept geronnene Ausflucht vor. Alles wird sich im Kampf schon weisen, damit erspart ihr euch natürlich auch, euch auf etwas festzulegen, euch an den eigenen Vorgaben messen zu lassen.«

Trotz stieg in mir auf. »Glaub doch nicht, daß wir mit diesen Fragen wie die Kleinkinder umgehen. Ich bin mir völlig im klaren darüber, daß ich nicht erleben werde, wie sich hier was und auf welche Weise verändern wird. Wir werden vermutlich alle draufgehen, die meisten jedenfalls. Ich weiß nur ganz sicher, es wird nicht bleiben, wie es ist, und es gibt immer mehr Menschen weltweit, die dafür kämpfen, daß sich etwas ändert. Hier und heute ist mir viel wichtiger, daß wir dich haben und unsere gefangenen Genossen freikommen.«

Ein leises, bitteres Lachen. »Ich würde mir wünschen, ich könnte wenigstens daran glauben ...«

KOMMERZIELLE INTERESSEN

Draußen hatte ein weiterer klarer, sonniger, aber für die Jahreszeit viel zu kühler Herbsttag begonnen. Die Sonne brauchte lang, den in der Nacht am Boden kristallisierten Rauhreif wegzuschmelzen.

Hans hatte die erste Wache übernommen und begann seine Sitzung mit der Frage, ob der Gefangene einen Kaffee wolle. Aber Spindy schien übermüdet und hatte nur gefragt, ob sich im Laufe der Nacht irgend etwas Neues ergeben hätte. Hans berichtete ihm, daß die Bundesregierung über das BKA im Anschluß an die Tagesschau eine Reihe neuer Fragen an uns gerichtet habe. Diese Mitteilung hatte die Lebensgeister der Geisel mehr geweckt, als es jede Tasse Kaffee hätte tun können.

»Was für Fragen waren denn das?« Schleyer setzte sich auf und sah Hans erwartungsvoll an.

»Sie wollen eine Art Lebenszeichen von dir, etwas, was nur du wissen kannst. Außerdem wollen sie wissen, in welches Land wir die Gefangenen ausgeflogen haben wollen. Angeblich hätten sie die Gefangenen dazu befragt und von ihnen unterschiedliche Auskünfte bekommen. Wir halten dieses ganze Hin und Her für Verzögerungstaktik. Die haben sich noch immer nicht entschieden, wie sie es mit deinem Austausch halten wollen. Das ist jedenfalls unsere Einschätzung.«

Schleyer atmete hörbar aus. Die Spannung, die ihn eben noch zu elektrisieren schien, wich sichtbarer Ernüchterung. »Und? Wann wollt ihr ihnen das Lebenszeichen von mir zukommen lassen? Wäre es nicht sinnvoll, das möglichst schnell zu tun, um weitere Verzögerungen auszuschließen?«

Hans mußte auflachen. »So ungefähr hat es das BKA auch formuliert. Nur wissen wir noch gar nicht, ob wir diese Art von indirekten Verhandlungen überhaupt wollen, solange Herr Schmidt sich noch nicht eindeutig zum Austausch erklärt hat.«

Der Gefangene schien von dieser Mitteilung nicht besonders überrascht. »Gibt es denn aus Ihrer Sicht zum vorgeschlagenen Weg eine Alternative?«

Hans machte eine wegwerfende Handbewegung. »Natürlich gibt es die. Wenn Schmidt es wirklich will, kann er die Gefangenen binnen 10 oder 12 Stunden auf dem Frankfurter Flughafen zusammenführen und miteinander reden lassen. Die würden dann das Land benennen, in das sie ausgeflogen werden wollen, und dann steht der Geschichte doch eigentlich nichts mehr im Weg.«

Schleyer schien nachdenklich. »Ich überlege nur, welche Probleme sich dabei aus Sicht der Bundesregierung stellen könnten. Was wäre zum Beispiel, wenn das Land, das Ihre Kameraden angeben, dann doch nicht bereit ist, sie aufzunehmen? Können Sie diese Möglichkeit wirklich ausschließen?«

Hans hatte die halbe Nacht mit uns anderen darüber diskutiert, ob wir uns auf den von der Gegenseite vorgeschlagenen Verhandlungsweg einlassen sollten oder nicht. Wir waren zu keinem abschließenden Ergebnis gekommen. Sich auf diesen Weg einzulassen, mußte beinahe zwangsläufig zu einem langwierigen Austausch von Botschaften führen. Hans wußte, wir würden schon aus Gründen der Sicherheit gezwungen sein, jede unserer Erwiderungen, Forderungen und Vorschläge an einem anderen Ort zur Post zu geben oder zu deponieren. All das würde Zeit und Bewegung erfordern und damit das Risiko von Fehlern unsererseits um ein Vielfaches erhöhen. Wir hatten alle den Eindruck, daß genau darin die Absicht Herolds bestand: Zeit gewinnen, verhandeln, Spuren sammeln, sichten und uns am Ende einkreisen.

Andererseits hatten wir uns vorher keine Alternative überlegt. Würden wir die Forderung nach einem überprüfbaren Lebenszeichen ablehnen, würde das Spekulationen Vorschub leisten, die Geisel wäre entweder schwer verletzt oder bereits tot. Wir würden dann beweisen müssen, daß dem nicht so war. Auch bei dieser Variante würden wir Botschaften herausgeben müssen. Aufgrund dieses Dilemmas hatten wir die Entscheidung auf den Nachmittag vertagt. Hilde wollte sich telefonisch mit einigen RAF-Mitgliedern verständigen, die sich draußen bewegten und das Risiko von Botendiensten in der momentanen Fahndungssituation besser einschätzen konnten.

»Das mit den Ländern ist nicht das Problem«, hob Hans wieder an. »Wir haben uns natürlich vergewissert, daß es Länder gibt, die bereit sind, unsere Gefangenen aufzunehmen. Aber Schmidt weiß, daß das nur funktionieren wird, wenn die Bundesregierung diese Länder vorher darum ersucht, die Gefangenen aus humanitären Gründen aufzunehmen. Kein Land wird sich vorführen lassen und unsere Leute erst aufnehmen, nur um anschließend sofort ein Auslieferungsgesuch gestellt zu bekommen und mit internationalem Druck konfrontiert zu werden. Verstehst du, diese Arschlöcher pokern auch in dieser Frage um dein Leben. Bis jetzt wollen sie den Austausch einfach nicht, sonst würden sie anders reagieren.«

Für den Moment erschien das Thema erledigt. Schleyer spürte wohl, daß jedes weitere Insistieren nur auf Widerstand stoßen würde. »Ich kann mir natürlich vorstellen«, fügte er einlenkend hinzu, »daß Sie bei solchen Entscheidungen eine Menge Punkte berücksichtigen müssen, von denen ich gar keine Ahnung habe.«

»Das stimmt – wenn es um die Frage von Aufnahmeländern geht, müssen wir auf verdammt viele Faktoren Rücksicht nehmen. Ohne die Palästinenser zum Beispiel geht da gar nichts.«

»Sie betrachten die PLO als Ihren Verbündeten, sehe ich das richtig?«

Einen Moment lang zögerte Hans. Die Frage war verfänglich. Sollte Schleyer gegen die Gefangenen ausgetauscht werden, würde jede Information, die er jetzt bekam, nach seiner Freilassung vom BKA genauestens analysiert werden. Nach kurzem Überlegen entschloß er sich, dennoch zu antworten. Wie die RAF zur PLO stand, war eigentlich kein Geheimnis.

»Nicht die PLO. Das ist eine Sammelorganisation, in der sehr unterschiedliche Gruppen organisiert sind. Unser Verbündeter ist die PFLP, nicht die Fatah von Arafat!«

Schleyer schien mit der Richtung, die das Gespräch nahm, zufrieden zu sein. Er lehnte sich zurück und begann mit dem Finger in den Staub auf dem Boden eine Art Landkarte zu malen. »Daß Sie sich ausgerechnet im Nahen Osten, in der verzwickten Gemengelage dort Ihre Verbündeten und Ihre Rückzugsgebiete gesucht haben, wundert mich. Ich habe mich schon aus beruflichen Gründen oft mit der politischen Situation in dieser Ecke der Welt auseinandersetzen müssen und dabei immer das Gefühl gehabt, mich auf einem Minenfeld zu bewegen.«

Hans gab sich große Mühe, sich nicht anmerken zu lassen, wie froh er war, daß sie zu diesem Thema gefunden hatten. Er hatte bei den bisherigen Treffen mit den Palästinensern die Aufgabe gehabt, eine Einschätzung der Lage in Europa und im Nahen Osten aus RAF-Sicht vorzutragen, und fühlte sich deshalb auf relativ sicherem Terrain. Außerdem interessierte ihn sehr, wie ein deutscher Wirtschaftsboß die Lage im Nahen Osten einschätzte.

»Das ist wie überall in den Gebieten, in denen der Westen sowohl strategische als auch taktische Ziele verfolgt. Strategisch gilt es, die Ölreserven für den Westen zu sichern, taktisch muß der Kessel mit Kleinkriegen am Kochen gehalten werden, damit die Rohstoffe, die von dort kommen, nicht zu teuer werden.«

Schleyer lächelte. Hans hatte den Eindruck, als würde sein Versuch, die Nahost-Situation zusammenzufassen, ihn schlicht amüsieren. »Glauben Sie wirklich, daß sich die komplexe Situation in diesem Gebiet so einfach erklären läßt? Ich habe immer gedacht, daß dort mindestens drei unterschiedliche Interessen aufeinander stoßen. Da ist der Westen, der natürlich daran interessiert ist, sich den Zugang zum Rohstoff Erdöl nicht abschneiden zu lassen. Dann sind da eine ganze Reihe sehr junger Staaten, die sich einerseits nach innen stabilisieren müssen und andererseits nach außen an Einfluß gewinnen wollen. Und zum dritten ist da der Ostblock, der in dieser Nahtstelle zwischen westlichem Rohstoffhunger und nahöstlichen nationalen Eigeninteressen eine Schwachstelle des Westens sieht, die es zu besetzen gilt.«

Hans war beeindruckt. Von einem solchen Gegenüber hätte er eine so unvoreingenommene Analyse der unterschiedlichen Interessensphären nicht erwartet. »Zumindest in der Analyse der Ausgangssituation stimmen wir überein. Aber, um mal konkret zu werden, ist es nicht so, daß gerade der bundesdeutsche Außenhandel bei der Vereinnahmungsstrategie der westlichen Länder eine wichtige Rolle spielt?«

Schleyer schmunzelte noch immer. Seine Haltung vermittelte Hans den Eindruck, als würde er sich auf einem Terrain bewegen, auf dem er sich zu Hause fühlte. »Glauben Sie wirklich, daß man über den Verkauf oder die Verweigerung des Verkaufs bestimmter Produkte dauerhaft politischen Einfluß auf die Entwicklung eines Landes oder einer Region nehmen kann?«

Hans reagierte auf diesen Einwand, als hätte er auf sein Stichwort gewartet. »Und ob ich das glaube! Wollen Sie etwa bestreiten, daß nur eine pro-westliche Haltung in bestimmten Ländern zur Folge hat, daß diesen Staaten zum Beispiel Technologien verkauft werden, die Ländern mit einer pro-östlichen Haltung vorenthalten werden?«

Für einen Augenblick schien es so, als wolle Schleyer einen Rückzieher machen. »Natürlich überlegt sich jedes der beiden konträren Systeme genau, welches Land auf lange Sicht von welchem strategischen Interesse sein könnte. Und natürlich verkauft keines der Systeme seine militärische Spitzentechnologie an einen unsicheren Kantonisten in der dritten Welt. Solche Abwägungen gehören doch zum ABC jeder vernünftigen Außen- und Wirtschaftspolitik! Andererseits, bis jetzt ist noch jeder Boykott irgendwann unterlaufen worden.«

Hans überlegte. Würde er jetzt konkret, würde Schleyer schnell ins Allgemeine wechseln, und der weitere Wert dieses Gesprächs würde gegen Null gehen. Er mußte seinem Gegenüber eine Brücke bauen. »Okay – der Westen unterstützt also Israel, weil diesem Land der Geschichte und des Hintergrunds seiner Entstehung wegen gar nichts anderes übrigbleibt, als sich für den Westen im Nahen Osten zu engagieren. Außerdem unterstützt der Westen die Türkei, den östlichsten Nato-Verbündeten, weil dieses Land eine Bollwerkfunktion gegenüber dem Islam erfüllt und die südliche Grenze zur UdSSR bildet. Aber da muß es Widersprüche geben, sonst würden nicht die Amerikaner, die Engländer, die Deutschen und die Franzosen gleichzeitig versuchen, mit Nahost-Staaten ins Geschäft zu kommen.«

»Natürlich unterstützt der Westen Israel und die Türkei. Im gesamten Nahen Osten gibt es keine anderen Staaten, die einerseits innenpolitisch stabil sind und sich andererseits außenpolitisch in ihrer Rolle so festgelegt haben wie diese beiden Nationen. Finden Sie das wirklich verwunderlich?«

Hans sah jetzt eine Chance, konkret zu werden: »Sie wollen also sagen, wenn zum Beispiel Daimler-Benz sowohl an Israel wie auch an eine Reihe anderer Nahost-Staaten Lastwagen verkauft, könnte beides auf längere Sicht den strategischen Interessen des Westens dienen?«

Sein Gegenüber lehnte sich zurück. Schleyer schien zum ersten Mal während dieser Auseinandersetzung mit einer Fragestellung konfrontiert zu sein, für die er keine schnelle Antwort parat hatte. »Wenn solche Geschichten nur immer so einfach wären ... Einmal angenommen, ein sogenanntes Schwellenland im Nahen Osten trägt sich mit der Absicht, Atomenergie für die Stromversorgung zu nutzen. Für den Westen bedeutet das, zuerst einmal einzuschätzen, ob bei dem betreffenden Land die Möglichkeit besteht, daß eine solche Technologie auch im militärischen Bereich genutzt werden könnte. Wenn man glaubt, das ausschließen zu können, muß man als nächstes darüber nachdenken, was geschehen könnte, wenn man diesem Land den Zugriff auf diese Technologie verweigert. Würde sich dieses Land dann aus nationalem Eigeninteresse an den Ostblock wenden? Wenn ja, wäre es dann nicht vielleicht strategisch sinnvoll, ihm die erwünschte Technologie unter westlicher Kontrolle zur Verfügung zu stellen?«

Hans mußte einen Weile über das Beispiel nachdenken. »Das heißt aber nichts anderes, als daß jedes System versucht, möglichst viele Länder – abhängig vom Grad ihrer Zuverlässigkeit – in das eigene Machtgefüge zu integrieren, daß dabei einerseits der optimale Schaden für die andere Seite und der maximale Gewinn für die eigene herauskommt?«

Schleyer war sichtlich zufrieden mit dieser Feststellung, wie ein Lehrer, der soeben von seinem Schüler die zutreffende Antwort auf eine Prüfungsfrage erhalten hat. »Genau, so funktioniert das! Einerseits muß man sich natürlich die Frage stellen, was passiert, wenn ...

Wenn ich mich verweigere, läuft mein Verhandlungspartner dann zur anderen Seite, um dort zu bekommen, was er zu brauchen glaubt. Wenn ich ihm dagegen gebe, was er will, habe ich ihn dann vielleicht etwas sicherer auf meiner Seite, wenn der nächste Konflikt auftaucht? Das hat viel mit perspektivischer Einschätzung und mit Psychologie der Macht, aber recht wenig mit ideologischer Festlegung zu tun, auch wenn die Linken im Westen das bis heute nicht recht wahrhaben wollen.«

»Das will ich aber jetzt mal genau wissen – soweit ich weiß, verkauft Daimler-Benz sowohl an Israel wie auch an den Irak Lastwagen, die von beiden Seiten für militärische Zwecke genutzt werden. Wie geht das? Interessiert es die Israelis nicht, daß ihre Gegner über die gleichen Fahrzeuge verfügen? Fragen die Iraker nicht nach, ob die Israelis diese LKWs nicht auch sofort zu Raketenwerfern umbauen, die sie dann möglicherweise im nächsten Nahostkrieg gegen die arabische Seite einsetzen?«

»So läuft das nicht«, entgegnete Schleyer unmittelbar. »Wenn ein Staat beabsichtigt, ein bestimmtes Produkt – für welchen Zweck auch immer – zu kaufen, geht das nie ohne entsprechenden Vorlauf ab. Die erste Überlegung wird immer die sein, wo kriege ich das, was ich brauche, zu welchem Preis, zu welchen Konditionen, bei welchen Bedingungen. So eine Kaufentscheidung ist auch immer ein politisches Signal, sicherlich. Kaufe ich im Osten, bedeutet das, daß ich mich auch außenpolitisch an dieses System anlehnen werde. Kaufe ich im Westen, ist auch das eine Festlegung. Es kann doch niemand einem dieser Länder übelnehmen, wenn sie sich vorher Gedanken darüber machen, in welche Abhängigkeiten sie hinterher geraten könnten.«

Hans war erregt. Er hatte das Gefühl, bei seinen bisherigen Gesprächen mit Schleyer noch nie so weit in die Niederungen seiner wirtschaftspolitischen Vorstellungen vorgestoßen zu sein. Er wollte dieses Gespräch auf gar keinen Fall abreißen lassen. »Nehmen wir also mal an, daß der Irak nach reiflicher Überlegung zu dem Ergebnis gekommen ist, Lastwagen von Daimler-Benz wären für die eigene Armee im Moment das Beste, was es auf dem internationalen Markt zu kaufen gibt. Würde es dann keine Rolle spielen, daß Daimler die gleichen Lastwagen aus denselben Gründen auch an Israel verkauft? Und spielt es für den Daimler-Vorstand und die Bundesregierung überhaupt keine Rolle, daß dann beim nächsten bewaffneten Konflikt im Nahen Osten die gleichen Modelle von beiden Seiten aufeinander treffen?«

Schleyers Lächeln war verschwunden, vorsichtig erläuterte er: »Sicherlich ist es nicht einfach, in einer solchen Situation die richtige Entscheidung zu treffen. Sage ich dem Irak, daß ich ihm die Lastwagen deswegen nicht verkaufe, weil Israel mein bevorzugter Handelspartner ist, nötige ich dieses Land indirekt dazu, die entsprechenden Produkte im Osten zu kaufen. Andererseits kann ich vielleicht den Israelis klarmachen, daß es immer noch besser ist, die Iraker kaufen bei mir als im Osten.«

Hans hatte das Gefühl, jetzt an einen Punkt gelangt zu sein, wo er sehr vorsichtig sein mußte. Würde er allzu triumphierend einlochen, würde es vielleicht kein weiteres Gespräch dieser Art mehr geben. »Das bedeutet aber doch, daß ihr letztlich an jeden verkauft, vorausgesetzt, ihr könnt diese Deals wechselseitig absichern.«

Schleyer schien einen Augenblick verunsichert, vielleicht weil er nicht einschätzen konnte, ob Hans ihm nun mit Moral kommen wollte. »Selbstverständlich muß sich ein Konzern, der seine Waren weltweit vertreibt, immer überlegen, welche Auswirkungen es haben kann, wenn zwei regionale Kontrahenten gleichzeitig seine Produkte erwerben. Es wäre grob fahrlässig, nicht darüber nachzudenken, ob eine solche Entscheidung nicht das Gleichgewicht der Kräfte so verändert, daß Destabilität daraus erwächst. Aber andererseits stellt sich auch die Frage, ob es wirklich zur Stabilität der Region beiträgt, wenn man die andere Seite durch Verweigerung nötigt, beim strategischen Gegner das zu bekommen, was man ihm vorenthält. Ich hab das ja schon erklärt.«

»Und was bedeutet das konkret? Wir wissen, daß Daimler LKWs mit verstärkter Ladefläche sowohl an den Irak wie auch an Israel verkauft hat. Ich kann mir wirklich nicht vorstellen, daß Ihrem Vorstand dabei entgangen ist, daß hinter beiden Großeinkäufen das Militär steht. Heißt das also, wenn klar ist, daß beide Seiten eines solchen Konflikts über die nötigen Mittel verfügen, dann spielt es letztlich keine Rolle, wer ihnen das Zeug verkauft, Hauptsache, es ist nicht die andere Seite?«

Hans hatte den Eindruck, als sei sich Schleyer bewußt, daß dieses Thema für ihn reines Glatteis war. Er antwortete jedenfalls vorsichtig.

»Natürlich gibt es in einer solchen Situation keine Entscheidung, die man unabhängig von der politischen Einschätzung und den Interessen des eigenen Landes trifft. Wenn Daimler sich in der Vergangenheit entschlossen hat, dem Irak sogenannte Dual-Use-Goods zu verkaufen, dann nie ohne Absicherung und das Okay der Bundesregierung. Diese wird sich ihrerseits wiederum ab einer bestimmten Größenordnung des Geschäfts bei den Nato-Partnern rückversichern.«

»Will sagen, wenn es dem Westen ins Konzept paßt und auch die Israelis nichts dagegen haben, dann kriegt der Irak seine Lastwagen?«

Schleyer knetete seine Finger, während er zu überlegen schien, ob es opportun wäre, sich noch weiter aus dem Fenster zu lehnen. »Plump gesagt, könnte man es so ausdrücken. Aber rein praktisch gesehen, war es den Israelis im konkreten Fall offensichtlich lieber, der Irak bekommt diese LKWs von uns als aus der DDR oder der Tschechoslowakei. Soweit ich weiß, gab es jedenfalls keinerlei Beschwerden aus Jerusalem, als wir Bagdad die LKWs geliefert haben.«

Hans glaubte, Oberwasser zu haben. Diese Informationen waren von der Qualität, wie wir sie als Ergebnis unserer Verhöre Schleyers immer gewünscht hatten. »Haben die Israelis denn gewußt, daß Daimler mit Bagdad über eine solche Lieferung verhandelt?«

Das amüsierte Lächeln Schleyers, das für einige Sätze verschwunden war, kehrte in seine Mundwinkel zurück. »Wir haben es ihnen nicht verraten, wenn das die Zielrichtung Ihrer Frage ist. Aber wir wußten natürlich, daß dem israelischen Geheimdienst auf dem Gebiet militärischer Beschaffung bestimmt nichts entgeht. Hätten sie etwas gegen diesen Deal einzuwenden gehabt, hätten sie uns das sicher in geeigneter Weise wissen lassen.«

»Haben Sie eigentlich keine Angst, daß der Inhalt unserer Gespräche bekannt werden könnte? Was Sie mir gerade erzählt haben, könnte doch auf beiden Seiten zu ziemlicher Unruhe führen?«

Schleyer wirkte angesichts dieser Frage überrascht. »Finden Sie das wirklich so wichtig und interessant? Was wir gerade ansatzweise diskutiert haben, kann man doch in den Kommentaren und Analysen jedes zweiten Wirtschaftsteils einer überregionalen Zeitung nachlesen. Daß ein Geschäft nicht nur eine Frage von Moral und kurzfristigen Interessen ist, sondern dabei auch langfristige Ziele verfolgt werden, gehört zu den Binsenweisheiten auf dem Weltmarkt! Was mich jetzt aber wirklich interessieren würde, wäre etwas über Ihre Vorstellungen von Handel und Wandel zu erfahren. Welche Kriterien würden Sie denn der heimischen Wirtschaft für ihre Geschäfte vorgeben?«

Hans wollte gerade antworten, als sich die Tür zum Zimmer öffnete und Rosa hereinkam, um ihn abzulösen. Eigentlich wäre er gern länger geblieben, um dieses Gespräch fortzuführen, aber er hatte für den kommenden Morgen einen Botengang übernommen und mußte dafür noch etliches vorbereiten.

Rosa war nicht entgangen, daß sie ein engagiertes Gespräch zwischen ihm und Schleyer unterbrochen hatte. »Wenn ich jetzt einen Herrenabend beendet haben sollte, tut mir das wirklich leid ...«, sagte sie.

Hans hatte noch überlegt, wie er den Staffelstab des Gesprächs an Rosa weiterleiten könnte. Ihre ironische Bemerkung hielt ihn davon ab. Statt dessen wandte er sich nochmals an Schleyer: »Ich fand das wirklich spannend, darüber mal was aus erster Hand zu erfahren. Ich würde auf dieses Thema gern noch einmal zurückkommen. So wie sich Helmut Schmidt zur Zeit verhält, werden wir bestimmt eine Gelegenheit finden, da noch mal 'nen Tick tiefer zu gehen.«

UNSICHERHEIT

Rosa hatte von uns allen im Umgang mit Hanns-Martin Schleyer die größten Schwierigkeiten. Für Hans war klar, wo er Schleyer einzuordnen hatte. Der Kerl war der »Boß der Bosse«, Ex-NSDAP-Mitglied, Ex-SS-General, ein Kriegsgewinnler und Opportunist, einer, der am Ende des 2. Weltkriegs an die Wand gestellt gehört hätte. Karl interessierte, wie jemand bei dieser Vorgeschichte nach Kriegsende wieder innerhalb so kurzer Zeit in die neue Führungsriege aufsteigen und es bis zur Spitze schaffen konnte, ohne daß ihm seine Vergangenheit dabei größer geschadet hätte. Ich hatte mir zurechtgelegt, in Schleyer vor allem den Tauschwert zu sehen, der den Stammheimern die Freiheit bringen würde. Daß er mich verunsichern könnte, daß ich mich auch oft nur noch in dümmliche Aggressivität zu retten wußte, hatte ich nicht erwartet.

Rosa hatte, wie wir alle, die Informationen gelesen, die Gerhard und Regine über Schleyer zusammengetragen hatten. Aber dieses Wissen half ihr nicht, zu ihm eine eindeutige Position beziehen zu können. All die kleinen und großen Schweinereien nachzulesen, an denen er im Laufe der Jahre und seiner Karriere beteiligt war, bedeutete eben nicht, im direkten Gespräch mit ihm diese Punkte so ansprechen zu können, daß dabei in unserem Sinne etwas Brauchbares herauskam. Rosa jedenfalls war einige Male in den Auseinandersetzungen mit ihm so aggressiv geworden, daß sie die Gespräche vorzeitig beendet hatte und sich ablösen lassen mußte.

Ich hatte mit ihr, auch wegen meiner eigenen Schwankungen, darüber gesprochen und war erstaunt gewesen, daß es nicht einmal besonders aufregende Themen gewesen waren, mit denen er sie aus dem Gleichgewicht gebracht hatte. Nicht die Inhalte, die er in solchen Auseinandersetzungen vertrat, brachten sie in Rage. Es war ausschließlich die Art und Weise, wie er seine Thesen vortrug, die sie oft mit hilfloser Aggression reagieren ließ.

Er rechtfertigte sich nie moralisch oder politisch vor uns, führte stets rationale Gründe dafür an, warum eine Entscheidung zu einem bestimmten Zeitpunkt oder in einer bestimmten politischen Situation seiner Meinung nach so und nicht anders hatte ausfallen müssen. An solchen Punkten hatte sie mehrfach versucht, ihn in seiner Gewißheit und Entschiedenheit wenigstens zu verunsichern. Aber daran war sie ihrem Empfinden nach immer gescheitert. Auch ich hatte erfahren müssen, daß dieser Mann auf diese Weise nicht zu packen war. Er konnte immer neue Argumente ins Feld führen, ließ sich in keine Sackgasse locken und blieb dabei ruhig, höflich und korrekt.

Uns war ihre Unsicherheit schon deswegen nicht entgangen, weil jeder von uns auf seine Weise und an seiner Ecke mit ganz ähnlichen Schwierigkeiten zu kämpfen hatte. All das trug noch dazu bei, daß ihre Unsicherheit von einer Wache zur nächsten wuchs. Das Bewußtsein, nicht die einzige im Kommando zu sein, die mit solchen Schwierigkeiten zu kämpfen hatte, half ihr wenig.

Gerhard hatte seit dem Beginn der Aktion nicht zu der Ruhe zurückgefunden, die ihm bisher in der Gruppe nachgesagt worden war. Er war immer häufiger wie abwesend, versunken in Grübeleien, und hielt sich, wann immer möglich, aus den Auseinandersetzungen um den Fortgang der Verhandlungen mit der Bundesregierung heraus. Er stand so sehr neben sich, daß wir stillschweigend übereingekommen waren, ihn möglichst nur mit solchen Aufgaben zu betrauen, die ihm keinerlei Entscheidungen abverlangten und ihn nicht vor spontane Probleme stellten.

Ich selbst hatte mit der schleichend wachsenden Angst zu kämpfen, daß die Entführung in einer Katastrophe enden würde. Schlaflosigkeit, Überreiztheit und einem ganzen weiteren Bündel von Symptomen versuchte ich mit einem wachsenden Tablettenkonsum beizukommen, was aber nur dazu führte, daß schließlich auch mein Magen dauerhaft zu rebellieren beschloß.

Wie jeder von uns, hatte sich Rosa vor der Aktion ein Bild von Schleyer gemacht. Sie hatte sehr genau überlegt, welche Fragen sie ihm stellen, zu welchen Vorgängen in seiner Geschichte sie ihn befragen wollte. Aber schon bei den ersten Versuchen, das zurechtgelegte Konzept umzusetzen, war sie ihrer eigenen Einschätzung nach bei Schleyer aufgelaufen. Der gab Fragen einfach zurück, und sie war über diese Umkehrung so verblüfft, daß ihr dazu nichts einfiel. Er war über unsere Naivität öfter so amüsiert, daß es Rosa kaum gelang, ihre Wut über seine Überheblichkeit noch im Zaum zu halten.

Dabei waren viele seiner Entgegnungen naheliegend, und wir mußten uns im Anschluß mehr als einmal fragen, warum wir nicht vorher darauf gekommen waren. Er war ein verhandlungserfahrener Spitzenmanager. Wenn also jemand Entwicklung, Politik und Wirtschaft in der Bundesrepublik seit den fünfziger Jahren rechtfertigen und Zusammenhänge und Entwicklungen logisch erscheinen lassen konnte, dann er.

In unserem Bemühen, all unser Tun unter das Vorzeichen »Kollektiv« zu stellen, hatten wir bei den Vorbereitungen und Vorbesprechungen nie darüber nachgedacht, daß jeder von uns individuelle Eigenarten mitbrachte, die dem einen unter Umständen einen schnelleren Zugang zu dem Gefangenen ermöglichten als dem anderen.

Rosa war wegen ihrer gefürchteten Penibilität, wenn es um die Formulierung von Erklärungen ging, die Rolle zugewachsen, fast sämtliche Texte vorzuformulieren. Aber keiner von uns hätte zu prognostizieren gewagt, daß es diese Besonderheit sein würde, die ihr Verhältnis zu Schleyer verändern sollte.

EIN VERHÖRVERSUCH

Unser Auftritt sollte förmlich wirken, um zu unterstreichen, daß das Verhör ernst gemeint war. Wir betraten das Zimmer zu dritt, setzten uns dem Gefangenen gegenüber, hatten Schreibunterlagen und mehrere Schnellhefter mit Texten, Zeitungsausschnitten und Fotokopien dabei. Auf dem Boden bauten wir zwischen der Matratze und dem Bett, auf dem wir saßen, ein Uher-Tonbandgerät samt Mikrophon auf.

Mit über den Knien verschränkten Armen, den Rücken an die Wand gelehnt, saß Schleyer auf seiner Matratze und sah unseren Vorbereitungen schweigend zu.

Rosa, Hans und ich hatten lange darüber gestritten, mit welchen Worten die Vernehmung eingeleitet werden sollte. Ich hatte für Druck plädiert, Druck möglichst von Anfang an. Hans hatte mich daraufhin sarkastisch gefragt, ob er Schleyer vorher die Folterinstrumente zeigen und ihre Funktion erklären sollte. Rosa hatte die Bemerkung einfach ignoriert und mich gefragt, wie ich mir das vorstellen würde, »Druck machen«. Ich war noch ein wenig sauer auf Hans, als ich antwortete, wir müßten Schleyer sehr deutlich machen, daß von seiner Kooperation bei den Befragungen auch sein weiteres Schicksal abhänge. Hans fragte spöttisch, ob ich wirklich glaubte, daß Schleyer diesen Text kaufen würde, als Rosa dazwischenfuhr. Sie beschied uns beide, sie mache den Anfang, sie habe sich schon etwas zurechtgelegt. Ohne eine Antwort abzuwarten, nahm sie die Unterlagen und das Tonbandgerät und ging hinüber ins »Volksgefängnis«. Hans und mir blieb nichts anderes übrig, als ihr zu folgen.

Rosa sah Schleyer direkt an. »Wir sind Mitglieder des Kommandos der Roten Armee Fraktion, das Sie entführt hat. Wir werfen Ihnen eine Reihe von Verbrechen vor, angefangen mit Ihren Funktionen und Tätigkeiten in der NS-Studentenschaft, der NSDAP und der SS bis hin zu Ihrer Rolle in Wirtschaft, Politik und Gesellschaft Nachkriegsdeutschlands nach 1945. Sind Sie bereit, sich zu diesen Vorwürfen zu äußern?«

Hans und ich sahen uns überrascht an. Schleyer setzte sich zurecht, schien erst verblüfft, dann amüsiert. »Habe ich denn eine reale Chance, Ihre ›Vor‹-Urteile zu revidieren, wenn ich mich darauf einlasse?«

Sollte Rosa von seiner ironischen Frage überrascht gewesen sein, dann hatte sie sich anfangs noch gut im Griff. »Wenn Sie es nicht täten, hätten Sie bereits Freund wie Feind widerlegt. Es wird nämlich behauptet, Sie wären eine Kämpfernatur, keiner, der vor der Zeit kapituliert. Gar nicht erst antreten, scheint nicht Ihr Ding zu sein.«

Schleyer wurde ernst, rückte nach vorn zum Matratzenrand und setzte sich, soweit es bei der geringen Höhe über dem Boden möglich war, aufrecht hin. »Also gut, ich werde mir Ihre sogenannte Anklage anhören und – wenn ich es für richtig halte – darauf eingehen. Aber – um das gleich deutlich zu sagen – ich werde auf gar keinen Fall Fragen beantworten, bei denen ich den Eindruck habe, Ihnen Informationen über Dritte zu geben. Das kann ich nicht verantworten, denn – um auch umgekehrt völlig offen zu sein – ich halte SIE für diejenigen, die bereits etliche schwere Verbrechen begangen haben und gerade dabei sind, ein weiteres zu begehen.«

Während Hans und ich bisher eher wie Statisten dabei gesessen hatten, entledigte ich mich nun der lästigen Schreibunterlage und stach mit dem Finger in Richtung Schleyer. »Es stimmt, ich habe geschossen, sogar getötet, um dich hierher zu kriegen. Über dieses Verbrechen können wir gern reden, wenn du dich zu Prag erklärt hast, zu deiner Rolle in der SS, zu den Transporten mit Menschenmaterial für die kriegswichtigen Industriebetriebe, die du ins Reich hast schicken lassen ...«

Ich war dabei, mich immer weiter hineinzusteigern, als Rosa ihre Hand auf meine Schulter legte und so fest drückte, daß ich abrupt innehielt. Im Gegensatz zu mir sprach sie leise und ruhig. »Das reicht ... Sie scheinen bei manchen Mitmenschen offenbar starke Emotionen auszulösen. Ich möchte eigentlich mit meiner ersten Frage zeitlich früher ansetzen. Ich habe mich gefragt, aufgrund welcher Fähigkeiten und Eigenschaften Sie innerhalb von so kurzer Zeit in die Führung der NS-Studentenschaft aufgerückt sind?«

Schleyer sah sie interessiert an. »Ich denke, die haben mich gebraucht, weil ich organisieren konnte und in der Lage war, den Laden auf Vordermann zu bringen. Um es klar zu sagen, ich war damals mindestens so überzeugt von der nationalsozialistischen Idee, wie Sie es offenbar noch heute von der kommunistischen sind.«

»So, warst du das?« Wieder konnte ich nicht anders, als meine Wut herausplatzen zu lassen. »Aber da gibt es doch ein paar klitzekleine Unterschiede ...«

Diesmal ließ Rosa mich gar nicht erst ausreden, sondern donnerte mitten in meinen Satz hinein: »... an denen ich gern dran bleiben würde. Sie sagten, Sie waren überzeugter Parteigänger und hatten organisatorische Fähigkeiten, die gebraucht wurden. Worin genau bestand denn eigentlich Ihre Tätigkeit?«

Schleyer schien jetzt bei jedem Satz zu zögern, machte kleine Pausen, wie um die eigenen Argumente nochmals zu prüfen, bevor er sie aussprach. »Also, da gab es natürlich sehr unterschiedliche Aufgaben, die sich nicht in einem Begriff zusammenfassen lassen. Am Anfang bin ich vor allem herumgereist. Die Gruppen und Grüppchen an den verschiedenen deutschen Universitäten konnten aus den schlagenden Verbindungen und verschiedenen national orientierten Zirkeln so viele neue Mitglieder verzeichnen, daß die bescheidenen Organisationsstrukturen unter der schieren Menge zusammenzubrechen drohten. Aber das war nur die eine Seite des Problems. Kennen Sie ja vielleicht auch, wo es zu viele Neuzugänge gibt, die von keiner festen Struktur aufgefangen und angeleitet werden, besteht die Gefahr, daß interne Auseinandersetzungen dem nach außen gerichteten Kampf die Kraft nehmen. Neben der Reorganisation bestand meine Funktion also auch darin, die Leute auf eine gemeinsame Linie einzuschwören und allen klarzumachen, daß die Sache nur dann funktionieren kann, wenn es verläßliche Befehlshierarchien gibt.

Gerade in dieser wilden Anfangszeit ging es ja in unseren Reihen teilweise zu wie bei den Anarchisten. – Oh Pardon, ich wollte Ihnen nicht zu nahe treten.«

»Und als diese – Gleichschaltung geschafft war?« Hans mischte sich zum ersten Mal ein. Er klang etwas gepreßt, wollte wohl auf jeden Fall verhindern, daß seine Emotionen allzu sehr anklangen. »Da gab's nun also eine schlagkräftige Organisation mit einer verläßlichen Befehlshierarchie – für was, gegen wen? Was haben Sie inhaltlich damit erreichen wollen?«

»Das ist gar nicht so einfach in Worte zu fassen. Wir hatten von der Partei den Auftrag, einerseits in der Studentenschaft für die nationalsozialistische Idee zu werben, Anhänger zu gewinnen und dabei gleichzeitig die Durchsetzung nationaler und völkischer Lehrinhalte voranzutreiben. So läßt sich das am ehesten zusammenfassen.«

Hans hatte Schleyer während seiner Antwort nicht angesehen, sondern sich Stichworte notiert. Jetzt sah er auf und versuchte, seine Notizen in einem Satz zu bündeln. »Sie wollten also ›neue, nationale und völkische Lehrinhalte‹ durchsetzen. Dagegen gab es aber doch, soweit ich weiß, anfänglich noch Widerstand von seiten vieler Geisteswissenschaftler, einer Reihe von jüdischen Professoren und den Studentenorganisationen der Kommunisten, der Sozialdemokraten, der Bündischen usw. Wie sind Sie damit umgegangen, was haben Sie dagegen unternommen?«

Schleyer wirkte das erste Mal während des Gesprächs angespannt. Er rettete sich in eine für ihn charakteristische Geste und begann seine Finger zu kneten, ließ sich aber mit seiner Antwort Zeit. »Was wir dagegen unternommen haben ... na ja, manches davon dürfte Ihnen doch bekannt sein? Unsere Methoden unterschieden sich gar nicht so sehr von denen, mit denen Ihre Leute 1968 die Universitäten, sagen wir, bestreikt haben. Wir haben Gruppen von Störern in die Vorlesungen von solchen Professoren geschickt, die als Linke galten oder als Feinde der nationalen Sache, jedenfalls so, wie wir sie verstanden. Aber in einem Punkt irren Sie ...«

Hans hakte direkt nach. »Und das galt natürlich auch für die jüdischen Professoren?«

Schleyer sah Hans direkt an. Seine Antwort kam diesmal spontan, ohne die bisher übliche kleine Rückversicherungspause. »Um Ihnen diesen Zahn gleich zu ziehen: Ich war nie einer von diesen plumpen Antisemiten. Ich habe als junger Mensch einen Zusammenhang gesehen zwischen der Tatsache, daß sowohl die Verfasser des kommunistischen Manifests wie auch die Besitzer der größten Bank und des größten Privatvermögens auf der Welt Juden waren. Heute würde man wohl sagen, ich habe damals im Nationalsozialismus so etwas wie einen dritten Weg gesehen. Uns jungen Feuerköpfen schien eine Rückbesinnung auf die nationalen Interessen der Deutschen allemal erstrebenswert. Wir wollten nicht im Kampf der Weltanschauungen zwischen russischem Kollektivismus und amerikanischem Spekulantentum als Volk untergehen. Deswegen National – Sozialismus, verstehen Sie? Jedenfalls, so wie wir den Frontverlauf damals gesehen haben, stand die deutsche jüdische Intelligenz uns in unserem Kampf um nationale Selbstbehauptung als Gegner gegenüber.«

Rosa hatte gegen Ende von Schleyers Einlassungen angefangen, mit ihrem Kugelschreiber auf die Schreibunterlage zu klopfen, erst leise, dann immer lauter und aggressiver. »Der Nationalsozialismus als dritter Weg? Ist das Ihr Ernst? Gab es da nicht von Anfang an ganz kräftige imperiale Gelüste, von wegen Eroberung des Raums ohne Volk für das Volk ohne Raum? Und was die Juden betrifft, Sie behaupten also, Sie hätten in ihnen den Gegner gesehen, das ja – aber nicht, wie Ihre aufgeputschten Parteigänger, nur Blutsauger oder Untermenschen. Hatte diese feine Differenzierung letztlich irgendwelche Auswirkungen darauf, wie Sie mit denen umgesprungen sind, als sie Ihnen in die Hände gerieten?«

Schleyer zog jetzt wieder die Beine an und verschränkte die Arme über den Knien. »Also, mit der konkreten Verfolgung der Juden war ich persönlich nie befaßt.«

Ich konnte es mir nicht verkneifen, ein Zischen auszustoßen. Schleyer wandte sich zu mir um. »Wirklich nicht, junger Mann! Ich gebe zu, einigen Professoren, darunter auch jüdischen, ist auf mein Geheiß hin die Hölle heiß gemacht worden. Die haben, ja, auch das ist passiert, manchmal ganz böse Prügel bezogen. Ich habe es damals nun mal als meine Aufgabe gesehen, sie von den Universitäten zu vertreiben, weil ich sie als Gegner betrachtet habe. Aber nach diesen

Geschichten in der Studentenschaft hatte ich mit diesen Fragen nie wieder direkt etwas zu tun.«

Hans griff jetzt ein. Er wollte offensichtlich nicht, daß sich das Gespräch so schnell an dieser Frage festbiß. »Darüber möchte ich später gern noch weiter mit Ihnen reden, aber jetzt würde mich einfach interessieren, wie es chronologisch weiterging. Sind Sie von der NS-Studentenschaft als inzwischen bewährter Organisator direkt in die SS hinübergewechselt?«

»Nein, so lief das nicht, das war ganz anders ... Also, wer sich damals innerhalb der Partei oder einer ihrer Gliederungen bewährte, wurde sehr bald von der SS angesprochen. Die SS verstand sich ja als eine Art weltanschaulich-militärische Eliteformation innerhalb der NS-Bewegung, die Besten der Besten, der schwarze Orden, die Gralshüter der nationalen Sache und so weiter. Ich habe es damals als eine große Ehre betrachtet, von dieser elitären Bruderschaft die Mitgliedschaft angeboten zu bekommen – außerdem ...«, Schleyer lehnte sich vor und zwinkerte vertraulich mit dem Auge, »... hatte ich noch ein kleines Problem damit, sonst zur Wehrmacht eingezogen zu werden. Mir waren die Herren der Wehrmacht immer zu rechtwinklig, zu trocken, Kommißköpfe eben, viel zu unflexibel, wenn Sie wissen, was ich meine. Da schien mir die SS die weit attraktivere Option zu sein.«

Rosa sah ihn amüsiert an. »Die Mitgliedschaft in der SS als 'ne Art Wehrdienstverweigerung, das nenn ich mal eine überraschende Erklärung. Dabei haben Sie doch vorhin, als es noch um die Studentenschaft ging, erklärt, wie wichtig es gewesen sei, verläßliche Befehlshierarchien zu etablieren. Erscheint Ihnen das nicht auch ein wenig widersprüchlich?«

»Nun, wenn ich Sie hier so anschaue und Revue passieren lasse, wie ich hierhergekommen bin, müßten Sie doch eigentlich verstehen, wovon ich geredet habe.« Schleyer lächelte sie an. »Sie hantieren auch nicht nur mit Ihren Waffen, sondern Sie gebrauchen Sie auch. Und Sie scheinen zumindest so verläßliche Strukturen und Befehlshierarchien zu haben, daß Herr Herold vom BKA Sie trotz seiner Computer und Zielfahnder erst einmal nicht zu fassen kriegt. Aber trotz alledem – oder gerade deswegen, wie Sie wollen – kann ich Sie mir nur schwer als Angehörige der Bundeswehr vorstellen.«

»Nun, da haben Sie sicherlich recht ... Vermutlich wären wir damals so wenig bei der Wehrmacht gelandet wie Sie. Wir wären vermutlich zu den Partisanen gegangen, zu den antifaschistischen Kämpfern, die versucht haben, solche Führungsfiguren wie Sie zu liquidieren!«

Rosa wollte offensichtlich provozieren, aber Schleyer sah sie nur nachsichtig an. »Oder ganz woanders. Ich will Ihnen ja Ihre Selbstsicherheit nicht nehmen, und ich kann auch die Festigkeit Ihrer politischen Einstellung kaum in Frage stellen, aber eines können Sie mir glauben: An den historischen Bruchstellen der Geschichte, in den Zeiten großer politischer und sozialer Veränderungen werden persönliche Biographien sehr schnell gebeugt, gebrochen, aus der Bahn geworfen.«

»Den Eindruck einer gebrochenen Person hatte man bei Ihnen nach 1945 ja nun wirklich nicht.« Zum ersten Mal gelang mir ein ruhiger Tonfall. »Sie hatten kurzfristig vielleicht ein wenig Ärger wegen Ihrer SS-Vergangenheit. Aber dann wurden Sie fürs Wirtschaftswunder gebraucht, Schwamm drüber, vergessen, vorbei, und nach kurzer Zeit waren Sie wieder ganz vorn dabei. So war's doch, oder? Wo sind denn da Brüche?«

Schleyer schüttelte den Kopf. »Und wie hätte es Ihrer Meinung nach laufen sollen?« Er lehnte sich zurück, streckte sich etwas, sprach dabei eher resigniert weiter. »Nein, sagen Sie nichts, ich kann es mir schon denken. Alle Eliten, alle Größen aus Wirtschaft und Verwaltung, die den Wiederaufbau hätten organisieren, dem Weg aus den Ruinenfeldern in irgendeine lebenswerte Zukunft eine Richtung geben können, hätten an die Wand gestellt, bestenfalls für den Rest ihres Lebens ins Gefängnis gesteckt gehört. Habe ich recht?«

»Ja, Sie haben völlig recht.« Immer noch gelang es mir, ruhig zu bleiben. »Ich denke wirklich, daß viel zu viele der Nazi-Massenmörder – und dazu zähle ich Sie ebenfalls, auch wenn Sie vielleicht wirklich nie selber geschossen oder Zyklon-B in eine Gaskammer geworfen haben – einfach so davongekommen sind.«

Zum ersten Mal sah ich Schleyer an, daß ihn ein Vorwurf wirklich getroffen hatte. Er antwortete leise, langsam, scharf. »Mit dieser moralischen Keule können Sie meine ganze Generation erschlagen! Aber wissen Sie, ohne diese Generation, die eben nicht nur die Verbrechen der NS-Zeit begangen hat, sondern auch den Wiederaufbau des zerstörten Landes nach Kriegsende bewerkstelligte, wäre es Ihrer Generation nicht so maßlos gutgegangen. Sie machen mir hier Vorhaltungen, aber ich sehe nicht, daß Sie in Ihrer Verblendung einen Deut besser sind, als ich es damals war. Sie haben doch in jeder Hinsicht von dem profitiert, was wir an demokratischem Rechts- und Sozialstaat nach 45 aufgebaut haben. Und selbst wenn Sie übermorgen vor Ihren Richtern stehen werden, wird es nicht um Ihren Kopf gehen, weil die Todesstrafe abgeschafft wurde. Sie Ihrerseits aber scheinen zu glauben, Sie hätten immer noch das Recht, über das Leben anderer entscheiden zu können. Seien Sie etwas vorsichtiger beim Austeilen, mancher Schlag könnte am Ende auf Ihr eigenes Haupt niedergehen!«

Wir waren in einer Sackgasse angekommen. Alle hatten wir das Gefühl, daß eine Fortsetzung der Auseinandersetzung nur zur Verhärtung führen würde, ohne daß dabei noch etwas Neues zu erfahren gewesen wäre. Rosa übernahm die Initiative und tauschte sich flüsternd mit Hans und mir aus, um dann das Ende des heutigen Verhörs zu verkünden.

»Wir sind noch nicht fertig mit diesem Thema, nicht mit der Zeit vor 45 und nicht mit der danach. Wenn es morgen oder übermorgen weitergeht, würde zumindest ich gerne etwas Konkretes über Ihre verdienstvolle Tätigkeit für Führer, Volk und Vaterland erfahren.«

EINE AUSEINANDERSETZUNG ÜBER FORM UND INHALT

Wir hatten Hanns-Martin Schleyer am Tag vor der beabsichtigten Aufnahme erzählt, daß wir ein Video mit ihm machen wollten. Er hatte es sich angehört und dann gemeint, es sei gut, ihn zu informieren, so könne er darüber noch einmal nachdenken.

Rosa hatte den Morgen damit verbracht, auf einer Kugelkopfschreibmaschine einen Text zu tippen, den Schleyer vor laufender Kamera verlesen sollte. Als sie damit fertig war, las sie ihn mir vor. Da ich keine größeren Verbesserungen vorzuschlagen hatte, ging ich nach nebenan, um Schleyer den Beginn der Aufnahme anzukündigen. Außerdem teilte ich ihm noch mit, daß es eine Forderung des BKA gab, ein unmittelbares Lebenszeichen von ihm zu bekommen, und was wir uns dazu überlegt hatten.

Hanns-Martin Schleyer saß mit dem Rücken an die Wand gelehnt, als ich hereinkam. Ich setzte mich auf das Bett ihm gegenüber: »Die wollen später – das ist wohl Teil der Verzögerungstaktik – Fragen stellen, die du beantworten sollst, damit eindeutig ist, daß du noch existent bist ...«

Schleyer hörte aufmerksam zu: »Ist das so durchgegeben worden?«

»Ja, durchs Radio. Das haben sie bei Lorenz genauso gemacht, das gleiche Spiel. Und die Frage ist, ob wir uns darauf einlassen sollen oder ihnen diesen eindeutigen Beweis lieber selber präsentieren. Zum Beispiel irgendeinen Südwestfunk-Reiseruf an irgendeinen Herrn Sowieso.«

In diesem Moment betrat Rosa das Zimmer und brachte die Videokamera mit: »Lesen Sie das bitte, wir möchten, daß Sie das gleich vortragen.«

Schleyer nahm das Blatt in Empfang und begann zu lesen. Währenddessen suchten wir uns einen Platz für die Kamera und warfen jeder prüfend einen Blick durch den Sucher.

»Also, so geht das nicht«, konstatierte Rosa, nachdem sie mehrmals die Perspektive gewechselt hatte, »dahinter gehört ein großes Blatt mit dem RAF-Stern. Nicht das kleine Teil, das wir für das Polaroid verwendet haben. Zu dumm, daß wir nicht schon früher daran gedacht haben.«

Hans war inzwischen hereingekommen, saß seitlich auf dem Bett und hatte uns beobachtet. Jetzt stand er auf und übergab mir die Maschinenpistole: »Ich geh mal schnell nach nebenan und improvisiere was. Ich glaube, das kriege ich schon hin!«

Als er gegangen war, räusperte sich Hanns-Martin Schleyer, setzte sich am Rand der Matratze zurecht und wies auf das Blatt, das vor seinen Füßen lag. »Darüber müssen wir aber noch einmal reden. So kann ich das nur machen, wenn ich deutlich darauf hinweise, daß das nicht von mir stammt, sondern daß Sie das formuliert haben. Da stehen einige Formulierungen drin, von denen ich mich später distanzieren müßte!«

Wir begriffen beide nicht auf Anhieb, was er damit sagen wollte.

»Verstehen Sie mich nicht falsch, es kommt eben darauf an, was genau Sie mit diesem Text wollen. Soll ich mich mit einer Botschaft an die Bundesregierung wenden?« Er betonte das »ich«. »Oder wollen Sie nur, daß ich Ihre Botschaft an die Bundesregierung verlese? Dann nämlich würde ich in etwa sagen: Meine Entführer wollen, daß ich folgenden Text verlese ... So wäre jedem klar, daß das, was dann folgt, von Ihnen stammt, und darauf müßte ich bestehen, sonst verlese ich das nicht.«

Einen Moment lang stieg in mir so etwas wie Wut auf. »Jetzt mal halblang. Es geht schließlich bei dem, was da steht, nur um eines: Helmut Schmidt klarzumachen, daß er um eine Entscheidung über den Austausch nicht herumkommt. Das ist doch auch in deinem Interesse, oder?«

Schleyer zögerte keinen Moment: »Gerade wenn es darum geht, bin ich nicht geneigt, denjenigen, den ich zu einer Entscheidung in meinem Sinn bewegen will, als erstes zu beleidigen. Das wäre genau der Satz, auf den ich mich beziehen müßte, wenn ich sage, der stammt aus Ihrer Feder; nur so kann ich mich von dieser Charakterisierung des Bundeskanzlers distanzieren.«

Ich wollte etwas erwidern, doch Rosa kam mir zuvor: »Langsam, langsam. Wenn ich Sie richtig verstanden habe, würden Sie das, um was es uns inhaltlich geht, auch in Ihren eigenen Worten vortragen, wenn wir Sie das Ganze umformulieren ließen?«

Noch bevor ich einwenden konnte, daß ich das für keine besonders gute Idee hielt, hatte Schleyer schon geantwortet. »Ja, so könnte ich mir das vorstellen. Sie können es sich ja zumindest mal anhören. Wenn Ihnen dann Ihre Intentionen nicht genügend berücksichtigt scheinen, können Sie mich ja immer noch einfach Ihren Text verlesen lassen – minus der ein, zwei verbalen Entgleisungen jedenfalls.«

Wieder kam ich nicht zu Wort.

»Ist vielleicht gar keine schlechte Idee, wenn Sie es selber formulieren«, sinnierte Rosa, »das ist vielleicht direkter und schafft mehr Druck. Nur versuchen Sie nicht, irgendwelche versteckten Botschaften unterzubringen. Seien Sie sicher, wir würden das merken.«

Um endlich meinen Einwand loszuwerden, knuffte ich Rosa, die Schleyer gerade einen Kugelschreiber reichte, heftig in die Seite.

Sie drehte sich kurz zu mir um und zischte: »Über alles Weitere reden wir später draußen, kapiert!«

Während ich mir weitere Interventionen verkniff, saß Hanns-Martin Schleyer am Rand seiner Matratze und redigierte unseren Text. Hans kam plötzlich zurück. Er hatte es tatsächlich geschafft, das RAF-Emblem frei Hand und ohne allzu sichtbare Verzerrungen auf ein größeres Blatt zu bringen. Er fixierte das Blatt an der Wand hinter Schleyer, da bemerkte er, daß dieser gerade Rosas Text überarbeitete.

»Was wird das denn, wenn's fertig ist?

»War meine Idee, daß er das mal mit seinen eigenen Worten formuliert«, beschied ihn Rosa knapp. »Hol bitte Gerhard zur Ablösung, wir reden gleich noch mal nebenan darüber!«

Schulterzuckend verließ Hans das Zimmer. Wenig später kam Gerhard herein und übernahm, so daß wir ins Wohnzimmer gehen und reden konnten.

Je länger ich darüber hatte nachdenken können, desto mehr Einwände waren mir eingefallen: »Also, das geht doch nicht, daß wir ihm die Formulierungen dessen überlassen, was wir übermittelt haben wollen. Soll er doch den Text mit seinen Distanzierungen verlesen, dann weiß wenigstens jeder, daß der von uns ist.«

Rosa ließ mich dieses Mal ausreden, sagte dann aber offensichtlich leicht belustigt: »Manchmal hast du ein Brett vorm Kopf. Warum soll uns das eine eigentlich am anderen hindern? So ein Video, in dem er mit eigenen Worten vorträgt, was es zu sagen gibt, erzeugt doch bei weitem mehr Druck, als wenn er nur was verliest, was wir ihm diktiert haben. Außerdem können wir doch trotzdem ein eigenes Schreiben dazu packen oder an das Video einfach etwas dransetzen, in dem wir die Dinge so rüberbringen, wie wir's für richtig halten. Verstehst du nicht? Bevor wir jetzt jedesmal über alle möglichen Formulierungen lange Debatten mit ihm führen, machen wir's doch einfach so.«

Hans wandte sich zögerlich an mich: »Ich finde es eigentlich gut, Spindy einzubinden. Das können wir doch sogar noch ausbauen, falls wir weitere Videos mit ihm machen. Er könnte sich zum Beispiel an seine Parteifreunde wenden und den Druck von dieser Seite erhöhen. Das ist doch perspektivisch gar nicht schlecht.«

Ich mußte mir eingestehen, daß ich so noch gar nicht darüber nachgedacht hatte. Ich wollte wohl vor allem, daß die Sache so schnell wie möglich zu Ende ging, und war deshalb eher bereit, alles beiseite zu schieben, was Verzögerungen zumindest nicht ausschloß.

»Also gut, wenn wir uns soweit einig sind, dann schauen wir jetzt mal, was Spindy zu Papier gebracht hat. Ich muß zugeben, ich bin richtig gespannt, was da wie weit auseinanderklafft.« Diese Neugier Rosas konnte ich zwar immer noch nicht teilen, aber ich folgte den anderen, ohne mir etwas anzumerken zu lassen.

Nachdem Gerhard uns wieder mit Schleyer allein gelassen hatte, setzte der sich zurecht und wies auf das Blatt zu seinen Füßen:

»Ich denke, so kann ich das vertreten, ich lese es Ihnen mal vor ...«

Es mag der dritte oder vierte Satz dessen gewesen sein, was Schleyer uns vorlas, der mit einer Formulierung begann, die Rosa sofort reagieren ließ. »Auch wenn ich glaube, daß die Entscheidung über mein Leben bei der Bundesregierung in guten Händen ist und ich diese Entscheidung in jedem Fall zu respektieren habe ...«

»Halt, wie war das ...? Das ist doch nicht Ihr Ernst, oder? Die Entscheidung über Ihr Leben ist also bei Schmidt in guten Händen? Und welches Pokerspiel um Ihr Leben der Typ auch veranstaltet, Sie respektieren das?«

Schleyer unterbrach, ließ die Blätter sinken und sagte gereizt: »Ich sagte Bundesregierung und nicht Schmidt, und als ein Pokerspiel habe ich die Verhandlungen um die Freilassung ihrer Gefangenen und in der Folge – hoffentlich – auch meiner Person jedenfalls nie gesehen. Der Zweck des Ganzen war doch, Einfluß zu nehmen, den Entscheidungsprozeß zu beschleunigen. Wenn ich den Versuch, einen politischen Entscheidungsprozeß in meinem Sinn zu beschleunigen, damit beginne, daß ich den Beteiligten den guten Willen abspreche und dem Ergebnis, zu dem sie kommen, von vornherein den Respekt verweigere, halte ich das – vorsichtig ausgedrückt – für wenig konstruktiv!« Rosa, die ihn, während er sprach, nicht aus den Augen gelassen hatte, reagierte jetzt wesentlich gelassener. »Zwischen einer Umarmung und einem Tritt in den Hintern gibt es auch noch andere Möglichkeiten der Annäherung ...« Schleyer mußte lächeln. »Also, wenn es um Versachlichung geht, werde ich mich nicht verweigern ...« Er sah auf seine Blätter, wandte sich Rosa zu und fuhr fort: »Wie wäre es denn so ... Auch wenn ich die Entscheidung der Bundesregierung, wie sie auch ausfallen mag, zu respektieren habe, würde ich gerne die Gründe für die ständigen Verzögerungen erfahren, die es mir schwer machen, noch Fortschritte zu erkennen!«

Rosa ging sofort darauf ein. »Find ich viel besser. Wenn wir das jetzt noch in zwei Sätze zerlegen ... Doch, ich denk', so könnte es gehen.« Schleyer hatte die Blätter zurechtgeklopft, begann etwas aufzuschreiben, während er sagte: »Warten Sie, ich versuche das mal zu formulieren ...«

Ich sah zu Hans hinüber. Er schien sich, ähnlich wie ich, bei diesem schnellen Austausch wie ein Statist zu fühlen. Und das blieb unsere Rolle auch während des Hin und Her um alle weiteren Formulierungen der Botschaft. Wenn es viel war, dann konnten wir zwei- oder dreimal Formulierungshilfe anbieten, aber alles inhaltlich Relevante dieser Sitzung wurde zwischen Rosa und Schleyer vereinbart. Als etliche Tassen Kaffee und eine Reihe Zigaretten später das Ergebnis verlesen wurde, hatte ich kaum noch rekonstruieren können, wer sich bei welcher Formulierung eigentlich durchgesetzt hatte.

EIN GESPRÄCH IM MORGENGRAUEN

Es war die vorletzte Nacht in der Wohnung in Erftstadt-Liblar. Ich hatte die bei allen relativ unbeliebte letzte Wache übernommen. Als ich Rosa ablöste, schlief Schleyer laut schnarchend. Ich hatte mir ein Buch mitgebracht, das mich vom Einschlafen abhalten sollte. Nachdem Rosa gegangen war, um noch ein paar Stunden schlafen zu können, hatte ich es mir auf dem großen Bett bequem gemacht, die Waffe griffbereit zurechtgelegt und zu lesen begonnen.

Es war kurz nach sieben, als ich leise aufstand, die Vorhänge aufzog und einen Fensterflügel öffnete. Draußen begann es langsam zu dämmern. Ein paar Züge der kalten, klaren Morgenluft würden meine Müdigkeit hoffentlich noch einmal zurückdrängen. Die Straße zwischen den Wohnblocks der Vorortsiedlung lag wie ausgestorben. Die Laternen brannten noch. Hier wohnten keine Fabrikmalocher, sondern vorwiegend Angestellte, die erst in ein- bis anderthalb Stunden als Autokarawane nach Köln aufbrechen würden.

Während die Kälte des Herbstmorgens sich bis auf meine Haut durchzubeißen begann, gab es plötzlich hinter mir ein Geräusch, das mich aufschrecken ließ. Ich hatte, ohne mir dessen recht bewußt zu sein, die Waffe auf dem Bett liegenlassen, als ich zum Fenster gegangen war. Ich drehte mich um, ging zwei Schritte zum Bett, dann lag das Griffstück der Pistole wieder in meiner Hand.

So stand ich da, als Schleyer, der sich zuvor unruhig hin und her gerollt hatte, nun schlaftrunken hochkam. Für ihn war mein Anblick seltsam, verwirrend, bedrohlich. Vorhang und Fenster offen, wohl zum ersten Mal, seit man ihn in diesen Raum gebracht hatte. Davor schemenhaft ich, einer seiner Peiniger, der mit gezogener Waffe auf ihn zu zielen schien.

»Was ist denn, was soll das, Sie wollen doch nicht ...« Erst als Schleyer zu stammeln begann, begriff ich, wie diese Situation aus seiner Sicht wirken mußte. Aber ich ließ mir einige Sekunden Zeit, genoß das unverhoffte Gefühl, diesen Magnaten in seiner scheinbar unerschütterlichen Selbstgewißheit in Todesangst versetzt zu haben.

Langsam ließ ich die Waffe sinken, griff dann, ohne Schleyer aus dem Auge zu lassen, hinter mich, schloß das Fenster und zog den Vorhang wieder zu. »Keine Sorge, noch ist es nicht soweit. Du hast mich überrascht, als du hochgekommen bist, da habe ich vielleicht etwas überreagiert.«

Mit einem Seufzer der Erleichterung ließ sich Schleyer auf sein Matratzenlager zurücksinken. »Ich hoffe doch, daß ich nicht – wie soll ich sagen – zufällig erschossen werde, nur weil mich ein Alptraum dazu verleitet, eine unachtsame Bewegung zu machen oder laut etwas zu äußern.«

Ich setzte mich ihm gegenüber auf die Bettkante, immer noch ein wenig amüsiert über seine Angst. »Keine Sorge, was mich angeht, ich würde dich erst erschießen, wenn du deinen Freunden in der Bundesregierung nicht mal den Austausch gegen unsere Gefangenen wert bist.«

Schleyer hatte erstaunlich schnell zu der bisher von ihm gezeigten Ruhe zurückgefunden. Mit spöttischem Unterton retournierte er meine Gemeinheiten. »Na, da weiß ich ja wenigstens bei Ihnen ganz genau, woran ich bin. Vielleicht erlauben Sie mir trotzdem eine Frage, die sich mir einfach aufdrängt?«

Ich fühlte mich überlegen genug, großzügig zu sein. »Frag schon, kann nur sein, daß dir meine Antwort nicht gefällt.«

»Na, ja, ich frag mich halt, wie Sie mit einem Widerspruch umgehen, der doch ins Auge fällt. Einerseits bin ich also der Feind, der große Menschenfresser, das Böse an sich, dem es den Prozeß zu machen gilt und der besser ausgemerzt gehört. Andererseits wollen Sie mich sofort laufenlassen, wenn die Bundesregierung sich bereit erklärt, Ihre Mitkämpfer gegen mich auszutauschen. Ja wie denn nun?

Verstehen Sie mich bitte nicht falsch, ich bin natürlich sehr interessiert daran, daß der Austausch schnell zustande kommt und ich heil aus dieser Situation herauskomme. Aber ich frage mich trotzdem, wie Sie das miteinander vereinbaren?«

Ich hatte aufmerksam zugehört. Es war das erste Mal, daß Schleyer mir gegenüber offen Kritik an uns äußerte. Ich hatte Mühe, mir nicht anmerken zu lassen, wie er gerade bei mir mit dieser Nachfrage ins Schwarze traf. Als ich zu einer Erwiderung ansetzte, fiel es mir schwer, die Zwiespältigkeit meiner Empfindungen nicht durchklingen zu lassen. »Stimmt, das ist nicht widerspruchsfrei ... Aber da gibt es was, was du sicherlich nicht nachvollziehen kannst. Die, die jetzt in Stammheim, Köln-Ossendorf oder Bremen-Oslebshausen hocken, sind meine Genossen, meine Kampfgefährten, die ich mehr liebe, als ich jemanden wie dich hasse. Klingt jetzt vielleicht etwas pathetisch, aber ja, dafür, daß meine Genossen freikommen, würde ich sogar einen Massenmörder wie dich ziehen lassen.«

Eine kleine Pause entstand. Ich hörte den Nachklang meiner Worte und hatte doch das Gefühl, daß alles, was ich ihm an den Kopf warf, noch immer zu defensiv, zu rechtfertigend klang. »Aber damit du dich keinen Illusionen hingibst, gib mir einen guten Grund, nur einen rechtfertigenden Vorwand, und ich werde dich, ohne zu zögern, erschießen!«

Schleyer war von meinem Nachschlag wenig beeindruckt. Ich hatte ganz im Gegenteil den Eindruck, daß er begann, zunehmend Spaß an diesem Schlagaustausch zu finden. »Oh, keine Sorge, daß Sie den Zeigefinger im Zweifelsfall krümmen würden, glaube ich Ihnen aufs Wort. Aber was ich Ihnen nicht abnehme, ist diese seltsame Rechtfertigung für Ihr Tun. Spielen wir das doch einfach mal durch. Also, morgen sagt die Bundesregierung, in Ordnung, wir lassen die RAF-Gefangenen ziehen. Übermorgen lassen Sie mich dann frei, das glaube ich Ihnen sogar ... Aber dann? Was von seiten der Regierung folgen wird, steht doch wohl außer Frage. Sie werden zum Ziel aller Mittel und Möglichkeiten der Fahndung, die dieser Staat aufbringen kann. Und Sie Ihrerseits? Sie werden ja nicht einfach aufhören wollen. Aber was soll dann noch kommen, wie soll es nach einer solchen Tat bruchlos weitergehen? Die Botschaft lautet doch, daß man sich in Ihrem

Verein wechselseitig die Haut rettet, koste es, was es wolle, selbst um den Preis, jemanden wie mich laufenzulassen. Können Sie das eigentlich gegenüber Ihrer Anhängerschaft rechtfertigen?«

Ich sah mich plötzlich in der Defensive. Es ärgerte mich maßlos, daß es Schleyer einmal mehr gelungen war, die Positionen umzudrehen. »Das lassen Sie nur unsere Sorge sein. Was wir nach der Befreiung der Gefangenen unternehmen, werden Sie sowieso nur dann erleben, wenn sie in unserem Sinn über die Bühne geht. Ich bin sicher, daß es den meisten Menschen, die unseren Kampf unterstützen, wichtiger ist, daß die Stammheimer freikommen, als daß wir Sie – was wirklich konsequent wäre, keine Frage – einfach erschießen.«

Schleyer begann sich sein Hemd anzuziehen, während er antwortete. Die Normalität dieser Verrichtung, die Ruhe, mit der er sich ihr widmete, machte mich rasend. Ich hatte ihn treffen, ihn ins Schwitzen bringen wollen, aber ihm gelang es noch jedesmal, damit so souverän umzugehen, daß ich am Ende dastand wie jemand, der mit einem großen Knüppel in die Luft schlug. Schleyer hatte sich gerade die Socken angezogen, als er innehielt und sich wieder mir zuwandte. »Und ich sage Ihnen voraus, daß Sie, daß Ihr ganzer politischer Ansatz, Ihre ganze Organisation an dieser Geschichte zerbrechen wird. Mein Eindruck ist, und das kann ich nicht zuletzt wegen meiner Erfahrungen in der NS-Zeit gut nachvollziehen, daß Sie im Grunde bereits angefangen haben, für das Erreichen recht kurzfristiger Ziele Ihre langfristigen gesellschaftlichen Utopien aufzugeben.«

Ich fand für diese finstere Prognose auf Anhieb keine Erwiderung, was meinen Ärger nicht geringer werden ließ. Mir war gerade in diesem Augenblick wieder bewußt geworden, daß nebenan in der Küche die ganze Zeit das Tonbandgerät lief und jedes Wort festhielt, das wir miteinander tauschten. Das einzig Beruhigende war, daß man Tonbänder auch wieder löschen konnte. »Ich glaub' nicht, daß es viel bringt, mich mit dir über unsere Vorstellungen einer neuen Gesellschaftsordnung auseinanderzusetzen. Wir werden dir den Prozeß machen und dabei erneut auch auf eure Vorstellungen einer reinrassig arischen, nur dem Führer verpflichteten deutschen Volksgemeinschaft zu sprechen kommen. Kann schon sein, daß unsere Zielvorstellungen oft noch vage oder unausgegoren sind. Aber was dein Führer in ›Mein Kampf‹ zum Programm erhoben hat, war doch wohl so irreal, mythengespeist, autoritätshörig und gleichgeschaltet wie keine andere Ideologie auf dieser Welt.«

In diesem Augenblick ging die Tür auf, und Hans kam mit zwei Tassen heißen Kaffee herein. Wir waren beide überrascht, im Eifer unseres Schlagabtauschs hatten wir nicht bemerkt, wie das übrige Kommando vor der Tür des Zimmers seinen Tag begonnen hatte.

GEWERKSCHAFTEN UND ANDERE HERZENSDINGE

Wir hatten uns auf die kommende Auseinandersetzung mit Hanns-Martin Schleyer besonders gründlich vorbereitet. So dachten wir jedenfalls, als wir einmal mehr an diesem Nachmittag zu ihm ins Zimmer gingen.

Bereits kurz nachdem Gerhard seine Archiv-Rundreise beendet hatte, war er daran gegangen, ein Dossier über Schleyers Rolle in der Wirtschaft zu erstellen. Die ergiebigsten Materialien hatte er im Archiv des Weltwirtschaftsinstituts kopiert. Gerhard wollte – neben einer Dokumentation von Schleyers Aktivitäten in der NS-Zeit – vor allem auch herausarbeiten, welchen Einfluß dieser auf die politischen und wirtschaftlichen Entwicklungen in letzter Zeit genommen hatte. Daß Hanns-Martin Schleyer in den letzten Tarifauseinandersetzungen gegenüber den Gewerkschaften den harten Kurs eingeschlagen hatte, daß er es war, der als Doppelboß von BDI und BDA die ersten Betriebsaussperrungen in der westdeutschen Nachkriegsgeschichte veranlaßt hatte, brachten Gerhard zu der These, Schleyer wolle den Einfluß der Gewerkschaften nicht einfach nur schwächen, sondern er wolle sie ausschalten.

Wie immer saßen wir vor Beginn des Gesprächs noch kurz im Aufenthaltsraum zusammen, um die Vorgehensweise abzustimmen. Regine und Karl studierten noch einmal die von Gerhard zusammengestellten Unterlagen. Auch ich hatte Gerhards Papier gelesen und fand sein Fazit logisch, ohne sagen zu können, daß ich dieses Thema besonders wichtig fand. Regine, Hans und Karl waren aber der Meinung, daß wir die Gewerkschaftsfrage schon aus Gründen unseres politischen Selbstverständnisses mit ihm diskutieren müßten.

Regine saß neben Karl auf dem Bett, ich hatte mich auf den Boden gehockt und lehnte mit dem Rücken an der Wand. Schleyer saß auf einem Hügel aus seiner gefalteten Decke, dem Laken und dem Kissen, die Beine gekreuzt, die Hände gefaltet und schien interessiert darauf zu warten, um was es gehen würde.

»Wir möchten mit dir über deine Haltung zu den Gewerkschaften reden.«

Ein leises Lachen von seiten des Gefangenen.

»Findest du das Thema so komisch?« Karl, der den Anfang gemacht hatte, konnte seine Irritation nur mit Schärfe formulieren.

»Nein, nicht komisch, aber typisch. Auch die Medienheinis wollten mich in letzter Zeit immer dazu interviewen. Schleyer der Gewerkschaftsfresser, BDI und BDA kontra DGB usw. Ich habe mich dann dazu geäußert, war aber wieder einmal erstaunt, wie meine wenigen Sätze dann ›redaktionell gefaßt‹ wurden, wie die das nannten. Ich vermute, daß Sie das alle gelesen haben?«

Schnelle Blicke zwischen uns. Regine blätterte noch einmal die Seiten auf ihrem Schoß durch. Wir hatten den Artikel nicht in unserer Zusammenstellung. »Ich weiß nicht, ob Sie das in dem Zusammenhang gesagt haben oder an anderer Stelle, aber wenn ich mal zitieren darf – der wachsende Einfluß der Gewerkschaften auf wirtschaftspolitische Entscheidungen ist gefährlich für dieses Land. Warum?«

Schleyer lächelte. »Ach Kinder, wenn ich das so gesagt habe, stand sicher daneben, warum ich das so sehe. Aber ich kann es gern noch einmal zusammenfassen. Mit den neuen Streikformen, praktiziert bei den letzten Tarifrunden, stand die Drohung im Raum, mit wenigen Schwerpunkten die Wirtschaft branchenübergreifend lahmzulegen. Das hatte eine neue Qualität und mußte doch von seiten der Wirtschaft pariert werden. Aber das ist nur die eine Seite. Wenn außerdem eine Partei die politische Führung stellt, die sich intern den Gewerkschaftseinflüssen kaum entziehen kann, dann halte ich das wirklich für gefährlich!«

»Noch mal: Warum? Weil so die Reduzierung der Wochenarbeitszeit und die Überstundenregelungen durchgesetzt werden konnten?« Regine sah nicht von den Papieren auf.

»Ach wissen Sie, durchgesetzt vielleicht, aber da klaffen sozialer Anspruch und ökonomische Wirklichkeit auseinander. Bei Daimler-Benz zum Beispiel versuchen doch die meisten, möglichst viele Zusatzschichten und Überstunden zu machen, egal, über welche Arbeitszeitlänge gerade mit den Gewerkschaften verhandelt wird. Da soll noch eine Garage ans Häusle oder ein zweiter Spanienurlaub im Herbst drangehängt werden, und wenn dafür 48, 50 oder mehr Stunden geschafft werden müssen, ist's auch recht.«

»Na, hören Sie, wenn das so stimmt, dann können Sie sich doch zurücklehnen. Die Gewerkschaften stellen Forderungen an den Bedürfnissen ihrer Mitglieder vorbei, das kann doch auf Dauer nur schiefgehen?« Regine sprach Schleyer zwar direkt an, aber schaute immer noch nicht auf.

Schleyer kam kurz hoch, um den verrutschenden Textilberg unter sich zu ordnen, dann erwiderte er mit amüsiertem Unterton: »Da ist etwas dran. Diese Art Streik – Sie suchen sich einen Verteilerknoten im Wirtschaftsgeflecht, legen ihn lahm und setzen damit sozusagen strahlenförmig zig Betriebe unter Druck – wurde auch aus dem Umstand geboren, daß die Gewerkschaften einen ständigen Mitgliederschwund zu verzeichnen haben. Hören Sie, um es deutlich zu sagen, ich habe nicht nur nichts gegen Gewerkschaften, ich halte sie schlicht für wichtig. Trotzdem würde ich immer wieder gegen sie antreten, wenn sie versuchen, wirtschaftliche Rahmenbedingungen so zu ändern, daß sich die industrielle Produktion in unserem Land fast nicht mehr rentiert.«

Ich hatte immer mehr das Gefühl, daß Schleyer so nicht beizukommen war. Und es wurmte mich, daß wir die Positionen, die wir für richtig hielten, nicht vorher diskutiert und festgelegt hatten. Wir schwammen, und das wurde immer offensichtlicher. Trotzdem versuchte ich einen neuen Vorstoß. »Das hörte sich jetzt so an, als würden die armen Industriellen hierzulande von einem Kombipack aus DGB und SPD auf kaltem Weg enteignet. So wie Sie gerade eben argumentiert haben, kann man das aber auch genau anders herum sehen.

Wenn Sie sagen, daß sich industrielle Produktion hier fast nicht mehr rentiert, meinen Sie doch in Wahrheit, daß Sie einfach in ein Drittweltland gehen, um dort ohne Gewerkschaftsdruck zu sozialen Minimalbedingungen produzieren und fettere Profite realisieren zu können.«

»Einfach in ein Drittweltland gehen und fette Profite einstreichen – das sind doch Zerrbilder. Die Produkte, die die deutsche Wirtschaft groß gemacht haben, die Automobilproduktion, der Anlagenbau, was auch immer Sie nehmen, kann nicht einfach morgen nach Nordafrika verlagert werden, das ist Quatsch, und das will auch niemand. Aber wenn Sie den jetzigen Kurs von Gewerkschaften und Teilen der SPD – auch bei denen gibt es übrigens einige, die über den Tellerrand hinausschauen können – fortschreiben, wird es kaum mehr neue Investitionen geben. Wir stehen in Konkurrenz mit anderen großen Volkswirtschaften, da ist die Option der Produktionsverlagerung irgendwo in die Pampas nur eine Fußnote. Wenn wir zu teuer auf den Markt kommen, sind doch Japan und Nordamerika diejenigen, die uns unterbieten und das Rennen machen.«

Ich kam mir vor wie abgewatscht, spürte, wie ich wütend wurde, und wollte gerade zu einer scharfen Erwiderung ansetzen, als Karl sich ruhig und sachlich einschaltete. »Also, bestimmte Positionen der Gewerkschaften gehören bekämpft, weil sie die Konkurrenzfähigkeit der deutschen Industrie auf dem Weltmarkt zerstören. Wenn ich mir aber ansehe, daß die deutsche Großindustrie zur Zeit mit die höchsten Zuwachsraten weltweit vorzuweisen hat?! Ihre rabenschwarze Darstellung und die Bilanzen Ihrer Verbandsmitglieder krieg' ich nicht zusammen. Aber noch etwas anderes. Alle bisherigen Feststellungen Ihrerseits gehen doch davon aus, daß das herrschende ökonomische System das einzig richtige ist. Können Sie sich überhaupt nicht vorstellen, daß es auch ein kooperativeres, sozial gerechteres Wirtschaftssystem geben könnte?«

Einen Augenblick herrschte Schweigen, war Schleyer verblüfft? Dann ging er auf den Schwenk ein. Es schien ihm Spaß zu machen, unsere Ansichten zu zerpflücken.

»Also bis Sie mich aufklären, von welchem anderen Wirtschaftssystem Sie reden, kenne ich nur zwei: eines, das einigermaßen funktioniert – vielleicht mit Reibungsverlusten, vielleicht mit sozialem Knirschen –, und eines, das nicht funktioniert, auch wenn es mit dem Anspruch daherkommt, die ganze Menschheit glücklich machen zu wollen. Und um da noch einmal den Bogen zu den Gewerkschaften zu schlagen, in der Planwirtschaft ist Streik nicht vorgesehen, in allen sozialistischen Ländern gehören die Gewerkschaften doch eher zur Folkloreabteilung für den 1. Mai.«

»Kapitalismus funktioniert also so lala, Sozialismus überhaupt nicht. Ansonsten gilt es, Märkte zu erobern oder wenigstens zu halten, Konkurrenten zu verdrängen, und den Gewerkschaften kommt dabei höchstens die Funktion zu, die Proleten mit Forderungen nach ein paar mehr Prozentpunkten Lohnerhöhung bei Laune zu halten. Wenn ich das höre, kriege ich eine Gänsehaut. Wie paßt die Verelendung in der dritten Welt in dieses Bild, die postkolonialen Rückzugskriege, der wahnwitzig schnelle Verschleiß aller Rohstoffe? Sie haben unsere Vorstellungen vorhin Zerrbilder genannt, aber was Sie da propagieren, ist doch nichts anderes!«

Das kam so emotional und direkt, daß ich zum ersten Mal an diesem Nachmittag das Gefühl hatte, Schleyer könne in die Defensive geraten. Während Regine ihn bisher nie angesehen hatte, wenn sie ihn angesprochen hatte, schien sie ihn jetzt mit ihrem Blick festnageln zu wollen.

»Ach wissen Sie, romantische Vorstellungen davon, wie Wirtschaft und Gesellschaft eigentlich sein sollten, und die realen ökonomischen Sachzwänge ebenso wie so manch menschliche Eigenart, sagen wir Eigennutz oder auch einfach nur Gier nach ein bißchen mehr, sind vermutlich nie in Einklang zu bringen; da könnten Sie recht haben. Ich behaupte ja im Gegensatz zu Ihnen auch nicht, ein System zu kennen, das soziale Gerechtigkeit für alle garantiert. Im Gegenteil. Alle Versuche, Veränderungen in eine solche Richtung mit Gewalt zu erzwingen oder von oben durchzusetzen, haben meines Wissens zu wirtschaftlichen Katastrophen geführt, von der Zwangskollektivierung der landwirtschaftlichen Produktion unter Lenin bis zur Zwangsindustrialisierung unter Stalin. Meinen Sie wirklich, daß das Modelle für dieses Land und seine Zukunft sein können?«

Pause. Ich sah zu Karl und Regine hinüber, aber sie schauten genauso ratlos aus der Wäsche wie ich. Der Verlauf dieses Gesprächs wurde mir immer peinlicher, unsere Konzeptionslosigkeit war deutlich. Aber einfach aufstehen und das Feld räumen ging selbstverständlich nicht.

»Wissen Sie, auch wenn wir kein Gegenmodell aus dem Zylinder ziehen können, ohne eine starke Gewerkschaftsbewegung und sozialistische Parteien, die die Interessen der Arbeiterschaft vertreten haben, wäre die Kapitalseite doch nie dazu zu bewegen gewesen, auch nur kleine soziale Zugeständnisse zu machen. Und wenn Ihr Kapitalismus wirklich das besser funktionierende Wirtschaftssystem dieser Epoche ist, dann ist er auch verantwortlich für das Elend, das aus ihm hier und heute erwächst. Und wie Sie welche Auswüchse auch immer zu erklären versuchen, Tatsache bleibt, daß weltweit Menschen gegen genau diese Form des Kapitalismus kämpfen, auch wenn Sie alle Gegenpositionen als romantische Zerrbilder diffamieren.«

Das klang wie ein Schlußplädoyer und war von Regine vielleicht auch so gedacht. Aber Schleyer war nicht bereit, diese Sätze einfach stehenzulassen. Er stand auf, streckte sich kurz und ging dann mit kleinen Schritten vor der Matratze auf und ab, dabei sprach er:

»Erstens, es ist eine Unterstellung, daß ich Gegenpositionen nicht gelten lasse. Das ist weiß Gott nicht die erste Diskussion dieser Art, die ich führe, aber bisher endeten sie alle damit, irgendwelche moralischen Forderungen über meine Kenntnisse realer ökonomischer Abläufe stellen zu sollen. Ihr Marxisten propagiert zwar Kritik und Selbstkritik, seid aber nicht bereit, euch an den Ergebnissen der Planmißwirtschaft messen zu lassen. Zweitens, ich habe schon einmal erlebt und, das muß ich einräumen, selbst dabei mitgewirkt, ein vorgeblich anderes Wirtschaftssystem etablieren zu wollen. Damals sollte sich die ökonomische Entwicklung nationalen Interessen unterordnen, was ebenfalls auf Gleichschaltung hinauslief, wenn auch unter anderen Vorzeichen. Im Gegensatz zur sozialistischen Planwirtschaft hat das sogar so gut funktioniert, daß dieses Land im Kriegsjahr 1944 seine bis dahin höchste Produktivität erreichen konnte. Aber eine nur noch auf Kriegswirtschaft basierende Ökonomie, die allein das nationale Eigeninteresse als Maßstab gelten ließ, mußte einfach in einer katastrophalen Niederlage enden. Ich habe daraus jedenfalls gelernt, daß alles, was das freie Spiel der Kräfte in der Wirtschaft einengt oder funktionalisieren will, auf Dauer in einer ökonomischen Talfahrt enden muß.«

Daß Schleyer von sich aus auf die NS-Zeit zu sprechen kam, war überraschend. Es änderte aber nichts daran, daß wir uns in der Defensive fühlten, deshalb konterte Regine: »Also, die menschenverachtende NS-Kriegsmaschine so mit der sozialistischen Planwirtschaft zu vergleichen ist ja wohl das letzte. Sie wissen besser als jeder andere hier, wie viele Menschen dabei draufgegangen sind. – Aus den Weiterungen dieses schrägen Vergleichs auch noch die Überlegenheit der freien Marktwirtschaft abzuleiten, ist schlicht infam! So was höre ich mir nicht länger an!«

»Entschuldigen Sie«, Schleyer war sichtlich irritiert von soviel Emotion, »aber Sie sind mit Ihren Fragen und Vorstellungen zu mir gekommen. Bin ich auf eine Ihrer Fragen nicht eingegangen? Habe ich mich einem Ihrer Argumente nicht gestellt? Ich denke, Ihr Problem besteht in Wahrheit darin, daß Sie eigentlich keine Vorstellungen davon haben, wie Ihr viel zitiertes anderes soziales System aussehen und funktionieren könnte. Ich kann und will Sie nicht zwingen, auf meine Argumente einzugehen, aber so einseitig weiterzumachen, hat vielleicht wirklich keinen großen Sinn!«

Es war der Schlußsatz, mit dem er diese Diskussion für sich beendet zu haben schien. Wir zogen ab, wütend über unsere Niederlage, aufgebracht über seine Art zu argumentieren und, jedenfalls bei mir, gepaart mit dem Gefühl, ihm nicht gewachsen gewesen zu sein.

WEITERGEHENDE SCHRITTE

Es war ein chaotischer Vormittag gewesen. Während ich die erste Morgenwache übernommen hatte, waren von draußen alle Geräusche ansteigender Hektik zu hören gewesen. Der Gefangene, der bis tief in die Nacht hinein mit Karl und Rosa gesprochen hatte, schlief noch fest, wie sich an den tiefen Atemzügen erkennen ließ.

Kurz nach acht Uhr ging leise die Tür auf, und Regine kam herein. Sie hatte mir eine Tasse frischen Kaffee mitgebracht, die ich dankbar entgegennahm.

Sie sah zu dem mit dem Rücken zu uns liegenden Schlafenden hinüber und fragte flüsternd: »Pennt er noch?« »Tief und fest«, bestätigte ich, um dann vorsichtig schlürfend einen ersten Schluck heißen Kaffees zu trinken. »Gibt leider keine guten Nachrichten, nicht nur, was die Organisation des heutigen Tags angeht.«

Regine war noch leiser geworden. »Was soll das bedeuten?« Ich verstand nicht, wovon sie redete; als ich um sechs Hilde abgelöst hatte, schien der Ablauf des heutigen Tages festzustehen.

Regine erklärte, daß Hans nicht wie geplant gekommen sei, um mit Rosa zu einem Treffen zu fahren. Sie wußten einfach nicht, ob er nur später oder vielleicht heute gar nicht mehr kommen würde, also hatten sie entschieden, daß Karl und Rosa gemeinsam losfahren sollten, um das Treffen mit genügend Zeit in der gebotenen Vorsicht angehen zu können. Als sie mir das mitgeteilt hatte, glaubte ich zu verstehen, und die Konsequenzen gefielen mir überhaupt nicht.

»Mal langsam, Karl und Rosa sind schon los?« Sie nickte. »Und du willst mit Hilde nachher noch immer nach Düsseldorf?« Sie sah mich verärgert an, blieb beim Flüsterton, wurde aber deutlich schärfer. »Was heißt hier, ich will mit ihr noch immer ...? Wir müssen, und das weißt du verdammt genau. Das Material muß raus, und den Depottreff dürfen wir auch nicht platzen lassen!«

Sie hatte recht. Wir würden für die Aktivitäten der nächsten Tage eine größere Summe Geld und neue Ausweispapiere brauchen, denn wir würden diese Wohnung über kurz oder lang räumen. Aus dem gleichen Grund mußten etliche Materialien, angefangen von den beim Überfall benutzten Waffen bis hin zu den bereits vollen Tonbändern, aus der Wohnung gebracht werden. Aus diesem Grund war vorgestern mit anderen RAF-Mitgliedern ein Treffen vereinbart worden, die schon vor einiger Zeit in der Nähe Düsseldorfs in einem Wäldchen ein Depot mit 50 000 DM und einem Dutzend bereits vorbereiteter Reisepässe angelegt hatten. Regine und Hilde würden sich das Depot zeigen lassen und bei dieser Gelegenheit Geld und Papiere entnehmen und unsere Altlasten entsorgen.

»Okay, ja, seh ich ein. Wenn der Treff platzt, könnte es zeitlich wirklich eng werden ..., aber wenn ihr fahrt, bin ich mit ihm ...«, ich deutete mit dem Daumen auf den schlafenden Gefangenen, ». .. auf unbestimmte Zeit allein.« Ich konnte ihr ansehen, daß ihr diese Tatsache sowenig gefiel wie mir, daß sie aber auch keinen anderen Lösungsvorschlag wußte. »Schau, ich denk halt, daß der Hans bestimmt noch kommen wird. Er weiß ja, daß wir ihn eingeplant hatten, und – du kennst ihn doch auch – der wird alles tun, um schnellstmöglich hier zu sein.«

Ich kannte Hans, aber ich wußte auch, daß es in den vergangenen Tagen immer schwieriger geworden war, sich von einem Ort zum anderen zu bewegen. An den großen Bahnhöfen wurden regelmäßig Personenkontrollen durchgeführt, auf größeren Ausfallstraßen und Autobahnen ebenfalls. Überall hingen neue Fahndungsplakate, ganz abgesehen davon, daß beinahe jeden Tag eine der großen überregionalen Zeitungen mit unseren Konterfeis aufmachte. Hans würde sicherlich alles tun, um schnell zu kommen, aber er würde auch nicht vergessen, daß er sich auf die Kommandowohnung zubewegte und sich abzusichern hatte.

»Verdammt, es ist weder sicher, daß Hans wirklich bald kommt, noch ob es bei Karl und Rosa so klappt, daß sie am späten Nachmittag zurücksein werden!« Ich wollte es wenigstens so aussprechen, wie es war, nur Hoffnungen hegen war mir zu unrealistisch. Regine drückte meinen Unterarm. »Bleib trotzdem leise. Also, was nun? Sollen wir Düsseldorf sausen lassen und hierbleiben?«

Mir war unwohl, daß diese Entscheidung plötzlich bei mir liegen sollte. Es war eine Zwickmühle, ich wollte weder nein sagen, noch konnte ich der Vorstellung etwas abgewinnen, unter Umständen den ganzen Tag mit Schleyer im Wartezustand zu verbringen. Wenn aber die Situation um diese Wohnung herum noch instabiler wurde und dann Geld und Pässe fehlten, aber alles voll lag mit heißen Materialien ...

Regine schien zu ahnen, was in mir ablief, sie blieb unerbittlich. »Ich will ja nicht drängen, aber wenn wir noch loswollen, dann in den nächsten zwanzig Minuten, danach kriegen wir keine Verbindung mehr, um die vom Depot noch anzutreffen.«

Daß Schleyer sich in diesem Augenblick unruhig auf den Rücken zu drehen begann, beeinflußte meine Entscheidung vielleicht nicht, beschleunigte sie aber.

»Also gut, dann geht's eben nicht anders. Hoffentlich kommt beizeiten jemand zurück!«

Regine stand auf, drückte mir die Schulter. »Wird schon schief gehen. Für alle Fälle bringe ich dir noch eine fertige K.-o.-Spritze, die hat Hilde schon aufgezogen. Brauchst du sonst noch was, Getränke, etwas zu essen?«

»Von beidem reichlich, wer weiß, wie lang es dauert.«

Als Regine kurze Zeit später erst eine Schüssel mit Waschwasser, Seife und einem Handtuch für Schleyer und sofort danach ein Tablett mit belegten Broten, einer Thermoskanne mit Kaffee und allen für ein Frühstück nötigen Utensilien hereinbrachte, klapperte es laut beim Abstellen. Noch während sie die Tür wieder hinter sich schloß, richtete sich Schleyer etwas benommen auf.

Ich beeilte mich, das silberne Aluminiumfutteral, das die Spritze enthielt, unauffällig vom Tablett unter ein Kissen verschwinden zu lassen. »Es gibt Frühstück!« Ich stellte das Tablett auf den Boden zwischen Bett und Matratze und machte eine einladende Geste.

Er sah auf das Tablett, schüttelte den Kopf. »Vielleicht einen Kaffee, sonst lieber noch nichts.« Er zog den Stuhl herbei und begann auf der Matratze sitzend und sich über die Schüssel beugend, sein Gesicht zu waschen. Dann trocknete er sich ab und begann sein Hemd anzuziehen. Auf die Tür deutend, fragte er: »Wir gehen ja später nochmal ...?«

»Ja sicher, später, aber ich weiß noch nicht, wann's geht. Wir werden heute etwas mehr Zeit miteinander verbringen, die anderen haben einiges zu tun.« Ich sagte es beiläufig, während ich mit der einen Hand nach einem Brot und mit der anderen nach der Thermoskanne griff. Schleyer, inzwischen aufgestanden und angezogen, streckte sich, beugte sich vor und zurück, sagte aber nichts.

Seit dem Frühstück waren inzwischen zwei oder drei Stunden vergangen. Schleyer, der gestern einen kleinen Packen zensierter Zeitungsausschnitte bekommen hatte, las diese noch einmal sorgfältig und strich sich einiges mit einem Bleistift an. Ich hatte zum zweiten Mal begonnen, mich in eine Broschüre über Druckverfahren zu vertiefen. Aber wie häufig in diesen Tagen, egal ob Literatur oder Sachtext, es blieb nichts wirklich hängen, meine Gedanken hingen hartnäckig anderen Fragen nach. Wo Hans bloß blieb? Hoffentlich mußte Spindy nicht plötzlich dringend mal wohin.

Irgendwann gab es etwas Störendes, etwas Regelmäßiges, etwas von außerhalb, das sich zwischen Gedankensplitter und die Vorzüge von vorbeschichteten Tiefdruckplatten schob. Erst nur wegen dieser Irritation legte ich die Broschüre beiseite und lauschte. Ruhe, dann Schritte auf dem Gang, erneut Ruhe, plötzlich der sonore Mehrtongong der Wohnung schräg gegenüber der unseren. Ich lauschte gespannt, aber von dem, was nun vorging, hörte ich nichts. Wie vermutlich alle anderen auch kannte ich inzwischen die Geräuschkulisse des Hauses, von der beinahe absoluten Ruhe während der Nachtwache über die Geschäftigkeit der frühen Morgenstunden bis zur Rückkehr einer relativen Ruhe den Vormittag über. Draußen fiel eine Tür ins Schloß, wieder Schritte, näher kommend, dann schrillte die Metallklingel der Nachbarwohnung. Nun war ich wirklich alarmiert. Ich nahm die Maschinenpistole, die bis dahin vor mir auf dem Bett lag, und legte sie mir griffbereit an die Seite.

Schleyer, der die Veränderung gespürt haben mußte, sah mich über den Rand der Ausschnitte an, senkte sie dann.

Ich hob den Zeigefinger zum Mund und bedeutete ihm nachdrücklich, zu schweigen. Dann griff ich zur Waffe, richtete sie auf ihn, um zu unterstreichen, daß es mir ernst war. Ich lauschte angestrengt, ohne ihn aus den Augen zu lassen. Er schüttelte den Kopf, machte mit den Händen eine beschwichtigende Geste und lehnte sich ganz langsam an die Wand zurück, wie um zu verdeutlichen, daß er nichts vorhabe. Noch einmal schrillte die Klingel nebenan, dann, nach deutlich kürzerer Pause, näherten sich die Schritte unserer Tür. Ich saß inzwischen am Bettrand, Schleyer genau gegenüber, angespannt in seinen Augen nach einem Anzeichen suchend, das eine impulsive Handlung ankündigte. Er drückte, wieder wie in Zeitlupe, seine Handflächen neben sich auf die Matratze. In diesem Moment läutete unser Türgong zweimal. Ich stand so geräuschlos, wie es mir eben möglich war, auf und stellte mich zwischen Schleyer und Tür, die Waffe weiter auf ihn gerichtet, aber auch bereit, sie beim falschen Geräusch von draußen herumzureißen und auf die Tür zu schießen.

Die nächsten zwanzig oder dreißig Sekunden blieben meine Augen auf Schleyer gerichtet, während meine Ohren durch die Tür wuchsen. Keine Panik oder Angst war in seinem Blick, eher die stille Bitte, ich möge doch ruhig bleiben, und das Angebot, er würde es bestimmt auch. Noch einmal war der Gong zu hören, aber auch, noch während der Ton verhallte, sich entfernende Schritte.

Ausatmend ließ ich mich aufs Bett fallen und die Waffe sinken. In den Klang einer Klingel weiter hinten auf dem Flur hinein, erreichte ein Zittern meine Hände und Füße, als hätte ich einen Schüttelfrostanfall. Schleyer hatte seine Beine mit den Händen vor die Brust gezogen und den Kopf in den Nacken gelegt an die Wand gestützt. So saßen wir beide, wie erstarrt, auch als von draußen längst kein einziges Geräusch mehr zu hören war.

Wortlos zum vorherigen Tun zurückzukehren, war uns beiden nicht möglich. Irgendwann sah Schleyer mich forschend an, deutete dann auf die Waffe.

»Hätten Sie mich gerade eben wirklich ... Ich meine, hätten Sie mich erschossen, wenn es anders gekommen wäre?«

Das Vakuum, das die abklingende Erregung hinterlassen hatte, füllte sich mit Wut. Warum mußte er mir ausgerechnet jetzt diese Frage stellen? Wollte er mich austesten? Hatte er gemerkt, wie mich vorhin die Angst angefallen hatte? »Bilde dir nur nichts ein! Wenn die gerade gestürmt hätten, hätte ich dich natürlich erschossen ...« Ich wollte mit dieser Härte, mit dieser Klarheit auch jede weitere Diskussion beenden. Schleyer sah mich müde an, schüttelte den Kopf. »... und wären selbst erschossen worden. Was für eine Heldentat!«

Der zweite Teil seiner Bemerkung beschämte mich, ließ aber auch meine Abwehr weiter wachsen. »Wir kommen ohne Heldentum aus. Vorausgesetzt, du bleibst weiter ruhig, liegt es nur an Schmidt, wann du gehen kannst. Aber ganz sicher kommst du hier nicht raus, bevor die Gefangenen frei sind. Jeder von uns wird dich erschießen, wenn die eine militärische Lösung versuchen. Verschwende bloß keinen weiteren Gedanken daran, das könnte anders sein!« Er lehnte sich zurück, und für eine sehr lange Zeit herrschte eine unangenehme Stille, ein richtiges Gespräch zwischen ihm und mir kam an diesem Vormittag nicht mehr zustande. Zwei Stunden später gab es wieder ein Geräusch auf dem Flur und dann an der Tür, aber schon vom Flur her verriet mir ein sehr bestimmtes »Ich bin's!«, daß Hans endlich zurück war.

Einige Jahre später habe ich in Polizeiberichten nachlesen können, daß etwa zu der Zeit, wo sich meiner Erinnerung nach dieser Vorfall ereignet hat, eine Reihe von Polizeibeamten in bestimmten, vorgerasterten Hochhaussiedlungen in der Kölner Peripherie von Wohnungstür zu Wohnungstür gegangen waren, um nach konspirativen Wohnungen zu suchen oder zu erfragen, ob anderen Bewohnern bezüglich ihrer Nachbarschaft etwas Verdächtiges aufgefallen sei. Auch das Haus in Erftstadt-Liblar ist offenbar auf diese Weise überprüft worden. Ich weiß jedoch bis heute nicht, ob es nicht vielleicht ein ganz gewöhnlicher Vertreter war, der diese Eskalation unwissentlich verursacht hat.

UMZUGSVORBEREITUNGEN

Es war wohl der sechste Tag, nachdem Hanns-Martin Schleyer in dieses Zimmer gebracht worden war, und der siebte Tag, den er sich in unseren Händen befand. Wir waren uns nach einer relativ kurzen Diskussion einig gewesen, daß diese Wohnung in Erftstadt-Liblar nicht länger zu halten war.

Am Vortag war eine verdächtige Person alle Flure abgegangen und hatte an jeder Tür geklingelt. Hilde, die meistens die Gänge zu den Übergabetreffen absolvierte, war sich sicher, daß sie einige Fahrzeuge gesehen hatte, die suchend durchs Viertel gefahren waren. Eine alarmierende Meldung, auch wenn sie sich ebenso sicher war, daß sie nicht aufgefallen oder besonders registriert worden war. Schließlich verwendete Hilde immer sehr viel Zeit und kosmetischen Aufwand darauf, sich sehr viel älter und durchschnittlicher zurechtzumachen, als sie normalerweise aussah.

Hans sprach die uns bevorstehende Information Schleyers über seinen »Umzug« als erster direkt an. »Also, ich bin dafür, daß wir's ihm heute schon sagen. Dann kriegt das keinen so überraschenden Charakter, und er weiß, daß das keine Situation ist, wegen der er Panik haben muß.«

»Wir müssen ihm auch deutlich machen«, sagte Regine, »daß es darum geht, sich auf einen längeren Nervenkrieg mit Schmidt einzurichten. Ich denke, dann wird er verstehen, daß wir den Standort wechseln müssen.«

Rosa sah auf. Bis dahin hatte sie auf einer Liste notiert, was unbedingt gleich mit mußte und was weniger brisant war und später von anderen aus der Wohnung geholt werden konnte. »Na ja, diskutieren müssen wir die Notwendigkeit der Umtopfung nun wirklich nicht mit ihm. Ich denke, Hans, der den besten Draht zu ihm hat, kann ihm das auch so verklickern, daß er nicht die Panik bekommt. Du wirst ja wohl auch auf der Fahrt wieder seinen Babysitter machen, oder?«

Hans lächelte ein bißchen gequält. »Werde ich ja wohl müssen, wo wir uns doch so gut verstehen. Aber ehrlich gesagt, begeistert bin ich nicht davon, stundenlang hinter ihm zu liegen, durchgewalkt zu werden und bei jedem Stopp erst mal nicht zu wissen, ob das nun was Ernstes ist oder nur eine rote Ampel.«

In der nächsten Stunde gingen wir noch einmal jeden einzelnen Schritt des Transfers durch. Der Grenzwechsel würde in einem beiderseits der deutsch-holländischen Grenze gelegenen Naturschutzgebiet vonstatten gehen. In dessen ungefährer Mitte lag eine alte Torfabbaustelle, die Zufahrtsmöglichkeiten von beiden Seiten bot. Von Erftstadt aus würde Schleyer im hinteren, mit Vorhängen blickdicht abgehängten Teil eines Kombis an die Grenze gebracht werden. Dort würde er dann den Wagen wechseln müssen, um in einem gleichartig ausstaffierten holländischen Kombi bis Den Haag gebracht zu werden.

Hans fand es bedenklich, daß das in Holland von einer Frau aus der Gruppe angemietete Haus erst im Laufe des Vormittags von Schleyers Ankunft vom Vermieter übergeben werden würde. Aber Rosa beruhigte ihn: »Ich hab vorhin mit Den Haag gesprochen, das klappt hundert Prozent. Mittags wird schon die Einrichtung angeliefert. Wir haben das letzte Mal dort ein Kaufhaus entdeckt, das diesen Service anbietet, von wegen ›am Morgen gekauft, noch am selben Tag geliefert‹. Wichtig ist nur, daß dann ein Korb oder 'ne Kiste da ist, damit wir Spindy aus der Karre in die Bude kriegen.«

Der letzte Satz war an mich gerichtet, denn ich würde wie eine Art Quartiermeister noch heute nacht vorausfahren, um morgen früh gleich damit zu beginnen, in Holland alles Wichtige für uns einzukaufen. Inklusive ein bißchen Tarnmobiliar für die unteren Zimmer, die natürlich, wie in Holland üblich, keine Vorhänge haben sollten. Nur in dem für Schleyer vorgesehenen, nach hinten in Richtung einer

Gracht gelegenen Raum im ersten Stock würden wir auf die deutsche Unsitte nicht verzichten.

»Ich denke, es wird schon nicht so schwer sein, eine von diesen Überseekoffern oder Alukisten aufzutreiben, die das passende Format hat.« Ich war froh, daß ich wegkam und eine neue Aufgabe hatte.

Wieder kam ein Einwand von Hans. »Das Ding muß aber wirklich stabil sein, vor allem die Griffe. Der Mann hat ein ziemliches Gewicht, und dabei darf nun wirklich nichts schiefgehen. Ich wäre immer noch dafür, bis in die Nacht zu warten und dann ganz einfach mit ihm reinzugehen!«

»Und ich hab dir schon einmal erklärt, daß das in dieser Straße nicht geht. Erstens kommen immer mal wieder Leute vorbei, die Straße liegt nicht weit weg von einer Restaurant- und Amüsierzeile. Zweitens kannst du nicht dicht ans Haus fahren, weil es da ein Vorgärtchen gibt und einen recht breiten Bürgersteig. Und drittens ist häufig in den anderen Häusern noch jemand wach, dort gibt es kaum Vorhänge, jeder sieht alles. Wir machen es wie besprochen, denn daß bei einem Einzug junger Leute eine große, schwere Kiste ins neue Nest getragen wird, ist wirklich nichts besonders Auffälliges.«

Hans ging zur Tür: »Also, der Mann in die Kiste, geht ja anscheinend nicht anders. Ich werde Spindy die Umtopfung so schmackhaft wie möglich machen, aber der letzte Punkt wird ihm mit Sicherheit nicht gefallen. Vielleicht tröstet ihn, daß, wenn's denn richtig läuft, die Angelegenheit nur zwei, drei Minuten dauert.«

Während Rosa und Hans die Neuigkeit Schleyer überbrachten, begann ich in einem großen Stapel von Fahrplänen der lokalen Buslinien diejenigen Verbindungen herauszusuchen, mit denen ich die holländische Grenze erreichen konnte. Da die Überland-Busse in den meisten Fällen nur schlecht koordiniert waren, würde ich bei viermaligem Umsteigen von 19 Uhr bis 22 Uhr brauchen, um die etwa fünfzig Kilometer zurückzulegen. Es würde knapp werden, aber wenn ich für den Fußweg durchs Moor und den Weg nach Enschede hinein nicht mehr als eine Dreiviertelstunde brauchen würde, könnte ich noch den Schnellzug nach Den Haag um kurz nach 23 Uhr kriegen.

Ich lehnte mich zurück. Einerseits war ich froh darüber, für eine Nacht und einen Tag dieser Enge entfliehen zu können, andererseits kam immer wieder ein Gefühl in mir hoch, als könnte sich gerade in den Stunden, in denen ich nicht dabeisein würde, etwas Wichtiges ereignen. Mit gemischten Gefühlen begann ich also all die Dinge zusammenzusuchen, die ich mitnehmen würde. Es würde bestimmt ein voller Rucksack werden, denn auch viele der bei der Entführung benutzten Waffen und ein Teil unserer Fälscherwerkstatt würden schon heute nacht mit mir reisen müssen. Die bereits in Holland Agierenden waren bislang von Deutschland aus mit Papieren, Geld und anderem versorgt worden. Und wie wir die Situation jetzt einschätzten, würden wir wegen der immer weniger absehbaren Länge der Aktion einen Großteil der Infrastruktur nach dort verlagern müssen. Häufige Grenzgänge stellten ein größeres Risiko dar als ein zum Bersten gefüllter Rucksack.

Als ich etwa eine Stunde später alles beieinander hatte, kam Rosa zurück. Sie schien gerade noch herzlich gelacht zu haben, jedenfalls entwichen ihr noch einige Kicher.

»Was war denn so komisch?« fragte ich.

Sie grinste immer noch, bemühte sich aber darum, ernst zu antworten. »Spindy hat an sich herunter gezeigt und uns gefragt, ob es für seine Proportionen, ohne daß man ihm etwas ausrenken oder brechen müßte, wirklich eine Kiste gäbe, die stabil genug wäre. Hans machte dann den Scherz, wir könnten ihn ja auch als ältere Dame kostümieren, woraufhin er sofort meinte, daß ihm das – trotz der Lächerlichkeit – allemal lieber wäre.«

So langsam begann auch ich daran zu zweifeln, ob es so einfach sein würde, etwas Passendes zu finden. Bisher hatte ich mir die Maße eigentlich nur grob zurechtgelegt, etwa sechzig Zentimeter breit und mindestens genauso hoch und etwa einen Meter lang müßte die Kiste sein. Aber würde das wirklich reichen?

Ich sah mich in den Sideboard-Schubladen um. Irgendwo hatte ich ein Rollmaß gesehen. Als ich es schließlich fand, ging ich unter den amüsierten Blicken Rosas über den Flur zu Schleyers Zimmer.

Als ich hereinkam, hielten Hans und er inne. Offenbar war ich in etwas hineingeplatzt, das die beiden miteinander abzumachen hatten. Ohne Umschweife präsentierte ich mein Rollmaß. »Ich habe gehört, hier hegt jemand Zweifel, daß sein Transport auch schonend vonstatten gehen wird. Also bin ich gekommen, um Maß zu nehmen, damit es ohne Verrenkungen und blaue Flecke über die Bühne geht. Wenn du dich mal mit vor dem Oberkörper angezogenen Knien hinsetzt und den Kopf zwischen die Knie steckst, wird auch ein maßgeschneiderter Transportbehälter gefunden werden.«

Schleyer setzte sich so hin, wie ich es erbeten hatte, und ich begann nachzumessen. Meine Vorstellungen waren in jeder Hinsicht etwas zu knapp bemessen gewesen, insbesondere in der Länge. Ich ließ mir nichts anmerken, notierte mir die Zahlen und hoffte, daß meine abschließende Bemerkung halbwegs glaubwürdig klang. »Also, ich denke, das wird nicht so schwer sein, in jeden Auswandererkoffer mußte mehr rein.«

Kaum vor der Tür, begann ich ernsthaft darüber nachzudenken, welche Alternativen es geben würde, bekäme ich nicht auf Anhieb ein Behältnis von dieser Dimension. Die einzige Lösung, die mir spontan einfiel, war womöglich keine. Ich würde alle unsere Leute in Marsch setzen, um nach Überseekoffern, Metallkisten, Truhen oder Deckelkörben zu suchen. In Den Haag ebenso wie in Amsterdam und Utrecht, irgendwo bei der Seefahrernation Holland würde sich doch etwas finden müssen.

Als ich mich schließlich von Rosa, Hans, Hilde und Gerhard verabschiedete, war ich zwar äußerlich guter Dinge, hegte aber dennoch den Zweifel, ob Hans nicht recht gehabt haben könnte.

Jetzt war ich aber erst einmal ein junger Wanderer auf dem Weg zu einer Tour. Das war das Bild, das ich abgeben sollte. Ich würde mich immer gleich an den Busfahrer wenden und ihn nach der Umsteigemöglichkeit fragen, auch wenn ich diese längst auf einem Zettel in der Tasche notiert hatte. Biete den Menschen eine Vorstellung von dem, was du vorhaben könntest, und sie werden zufrieden sein und sich anderem zuwenden und dich binnen kurzem vergessen haben. Damit war ich bisher immer gut gefahren.

ES GEHT SCHIEF, WAS SCHIEFGEHEN KANN

Ich hatte eigentlich alles in der Zeit geschafft, die dafür eingeplant gewesen war. Den Weg zur Grenze, den Fußmarsch durch das Naturschutzgebiet und bis zum Bahnhof in Enschede, den ich so pünktlich erreichte, daß mir vor der Zugfahrt nach Den Haag sogar noch Zeit für eine Tasse Kaffee blieb. In Den Haag angekommen, traf ich kurz darauf Tina, die bereits ein Doppelzimmer für uns in einer bahnhofsnahen Pension angemietet hatte. Morgen früh würden wir zuerst zusammen die Einzugseinkäufe erledigen. Dann würde sie zur Schlüsselübergabe mit dem Vermieter unseres zukünftigen Grachtenhäuschens gehen und ich einen Leihwagen besorgen für die Jagd nach einer Transportkiste.

Ich sah auf die Uhr. Kurz nach eins, der Umtopfungstag hatte bereits begonnen. Einschlafen konnte ich nicht. Jetzt würde vermutlich Regine oder Rosa gerade mit der Nachtwache bei Spindy begonnen haben. Verglichen mit seinem Zimmer war dieses holländische Altbau-Bürgerzimmer geradezu riesig. Obwohl ich sonst solch schöne Räume schätzte, fühlte ich mich nun wie in einem Vakuum. Tina lag im Zimmer nebenan, sie schlief bestimmt schon, denn auch ihre letzten Tage waren nervenaufreibend gewesen.

Ich begann darüber zu grübeln, wie Spindy uns erleben mochte. Eigentlich war ich mir relativ sicher, daß er in den zurückliegenden Tagen etwas mehr Respekt vor uns bekommen hatte. Sicherlich weniger aufgrund unserer politischen Argumentation, die wir ihm geboten hatten, aber bestimmt war es unsere Fähigkeit, Dinge zu organisieren und trotz aller Widrigkeiten zum Funktionieren zu bringen. Auch war seine anfängliche Angst vor irgendwelchen Kurzschlußhandlungen unsererseits inzwischen auf ein Minimum geschrumpft. Bestimmt konnte er mittlerweile ganz gut einordnen, wie ernst es wem von uns bei welcher Aussage war.

Erst jetzt, mit etwas Abstand zu der Gefängnisatmosphäre in Erftstadt, dämmerte mir, was dort alles geschehen war. Wir hatten uns wechselseitig angepaßt, in der Sprache, im Aufbau von Argumenten, selbst bis hinein in die Gestik. Wir waren, zuletzt sogar Schleyer, wenn auch zögernd, alle langsam zum Du übergegangen. Und wenn es darum gegangen war einzuschätzen, durch welche Botschaft an wen man vielleicht einen Umschwung in Bonn erreichen und wer noch wie Druck auf Schmidt ausüben könnte, fiel Schleyer meistens mehr ein als uns. Er hatte uns diese Überlegenheit aber nie spüren lassen.

Schließlich bin ich irgendwann über einer dieser Endlosschleifen in einen unruhigen und viel zu kurzen Schlaf gefallen. Als Tina mir am nächsten Morgen im Frühstückszimmer der Pension gegenüber saß und ich mich total ausgelaugt fühlte, kam mir in den Sinn, daß morgendliche totale Übermüdung, einhergehend mit roten Augen und einer abgehackten, hektischen Mimik und Gestik, vermutlich in diesen Tagen ein erfolgversprechendes Kriterium für Horst Herolds Rasterfahndung nach uns wäre.

Tina, von der ich wußte, daß sie morgens oft Kreislaufprobleme hatte, war deutlich anzusehen, daß ihr Schlafdefizit auch in der letzten Nacht eher zu- als abgenommen hatte. »Hast du 'ne Checkliste, die wir abhaken können für den Wohnungsquatsch?«

»Hab ich. Ist im Prinzip simpel, alles sechsmal, von A wie Abwischtücher bis Z wie Zellstoffrollen. Außerdem war ich schon in dem Kaufhaus und weiß zumindest ungefähr, was wir auf welcher Etage finden.«

Tina nahm einen Schluck Kaffee. »Ich seil' mich gegen halb elf ab, um die Schlüssel zu holen. Wie soll es dann weitergehen? Liegt noch was Besonderes an, von dem ich wissen sollte?«

Mein »Transportbehälter« kam mir in den Sinn: »Ich werde 'nen

Leihwagen besorgen und dann gegen zwölf in der Steevenstraat sein. Wenn die Lieferung vom Kaufhaus kommt, mimen wir einen auf glückliches junges Paar beim Einzug. Anschließend muß ich noch mal los, um einen großen Koffer oder was ähnliches zu besorgen. Wenn dir was ins Auge sticht, was zirka 65 cm breit, etwa 70 cm hoch und gut 1,10 Meter lang ist, einen Deckel und zwei solide Griffe zum Schleppen hat, dann kauf es!«

Tina sah mich an, und es war deutlich, daß sie nicht verstanden hatte, wovon ich redete.

»Wir brauchen so etwas wie einen Koffer, eine Truhe oder Kiste, mit der wir Spindy aus dem Auto ins Haus kriegen, du verstehst?«

Sie nickte. »Ich glaub schon, aber ich habe keine Ahnung, wo man hier solche Särge bekommt. Das ist doch reichlich groß, was du da suchst, das gibt es bestimmt nicht an jeder Straßenecke.«

Ich fühlte mich nicht gerade aufgebaut von soviel Zuversicht. »Halt eben die Augen offen, irgendwo wird es ja so etwas wie ein Koffergeschäft oder einen Laden für Verpackungskisten oder ähnliches geben.«

Tina hatte noch etwas loszuwerden: »Also, ich werde diesen Konsumterror-Trip klaglos mit dir absolvieren und schleppen, so viel ich kann, aber unter einer Bedingung ...!«

»Und die wäre ...?«

»Du mußt mir alles erzählen, ich meine von Spindy, von den Gesprächen, was das für 'ne Type ist, überhaupt alles.«

Ich war erst verblüfft, dann lachte ich etwas hilflos auf. »Das wird schwierig. Hast du die nächsten Tage nichts vor? Im Ernst, da war so viel, und ich bin grad selbst dabei, das ein bißchen zu ordnen ... Ehrlich, ich wüßte nicht, wo ich anfangen sollte ...«

Nichts schien Tinas Neugier bremsen zu können, sie lehnte sich über den Tisch zu mir herüber und sagte gespielt verschwörerisch: »Das ist doch einfach, Tag eins, Minute eins, was war das erste, was er gesagt oder gefragt hat.«

Genau daran erinnerte ich mich nur ungern, und das mußte in meiner Antwort auch angeklungen haben, denn das Thema war damit fürs erste beendet. »Er wollte wissen, ob seinem Fahrer etwas passiert ist!«

Erst viel später, als wir die Pension bereits verlassen hatten und auf dem Weg zum Bahnhof waren, um unser Gepäck in Schließfächern zu verstauen, blieb Tina plötzlich stehen und fragte unvermittelt: »Und was habt ihr ihm geantwortet?«

Ich bemühte mich, meine Antwort beiläufig klingen zu lassen. »Wir wollten nicht, daß er Panik kriegt und denkt, wir schießen alles wahllos über den Haufen. Wir haben ihn angelogen.«

Tina schaute wie abwesend in die Schaufenster entlang unseres Weges und sagte nach einer längeren Pause leise: »Ach so, na ja, ich verstehe ...«

Wir schwiegen, bis wir im Kaufhaus angekommen waren. Was wir auf unserer Liste hatten, bewältigten wir in etwas über einer Stunde, auch den Antrag auf Lieferung zwischen 12 und 13 Uhr am selben Tag. Einzig die Kiste hatten wir nicht auftreiben können, die größte Truhe dort hatte gerade einmal die Maße von 50 × 45 × 70 Zentimeter. Als wir den Einkauf hinter uns hatten, rief ich aus einer Telefonzelle in unseren anderen Wohnungen in Holland an, um alle dort Anwesenden auf Truhensuche zu schicken.

Tina bemerkte meine wachsende Nervosität. »Ich muß jetzt los zum Hausbesitzer, wir sehen uns dann gegen zwölf im Haus. Wann wollten die denn mit Spindy kommen und einziehen?«

»Sobald es irgend geht. Die sind ja jetzt schon einige Stunden in der Nähe und wollten um 14 Uhr das erste Mal in der vereinbarten Coffiebar anrufen, um nachzufragen, wie es aussieht.«

Tina sah mich halb mitleidig an. »Ach so, letztlich wird es am Koffer liegen, wie lang sie noch mit Spindy rumkurven müssen?«

»Ich hoffe nicht, aber langsam fürchte ich, es könnte so kommen«, antwortete ich zweifelnd.

Die von anderen Gruppenmitgliedern bereits gecheckte und vom Procedere her als unkompliziert empfohlene Autovermietung hatte nur zwei Kleinwagen, in die eine Riesenkiste, hätte ich sie denn endlich gefunden, gar nicht hineingegangen wäre. Erst bei der dritten Autovermietung bekam ich einen Caravan, wie ich ihn voraussichtlich brauchen würde.

Inzwischen war so viel Zeit vergangen, daß ich zur weiteren Suche keine Zeit mehr hatte und direkt zum neuen Haus fahren mußte, um mit Tina zusammen das junge Glück zu mimen. Als ich mit 15 Minuten Verspätung ankam, stand der Möbelwagen des Kaufhauses bereits vor der Tür. Nur Tina war weit und breit nicht zu sehen, was bedeutete, es gab keine Möglichkeit, ins Haus zu kommen.

Ich versuchte, dem Fahrer und seinem Helfer verständlich zu machen, daß meine Frau mit dem Hausschlüssel hierher unterwegs sei, es könne nicht mehr lange dauern, bis sie auftauchen würde. Aber die beiden sagten, sie würden noch genau fünf Minuten warten, dann würden sie ihre Runde weiterfahren und in genau eineinhalb Stunden noch einmal kommen. Das sei dann aber für heute der letzte Liefertermin. Der nächste wäre erst morgen früh.

In mir rumorte es. Um 14 Uhr hatte ich den Telefontermin mit Karl und Rosa. Karl sollte an der Grenze zugestiegen sein, während Regine den deutschen Wagen vom Übergabeplatz nun wohl fortgeschafft hatte. Wenn die Möbeltypen pünktlich waren und Tina inzwischen mit dem Schlüssel auftauchte, konnte ich gerade noch eine Viertelstunde beim Einzug helfen, dann würde ich zur Coffiebar rennen, um den Pendlern mitzuteilen, daß ich noch immer keine Kiste gefunden hatte. Wieso gab es ausgerechnet heute nur Hürden und Hindernisse?

Tina kam nach einer halben Stunde. Sie war rot im Gesicht, schien aber trotzdem wesentlich ruhiger als ich. »Sorry, obwohl ich noch schnell in zwei Koffergeschäfte gegangen bin – ohne Erfolg – war ich pünktlich beim Hausbesitzer. Aber der konnte den zweiten zum Haus gehörenden Schlüsselbund nicht mehr finden. Er hat darauf bestanden, mit mir zu einem Schnelldienst zu fahren und neue Schlüssel anfertigen zu lassen, damit alles korrekt ist. Was hätte ich denn tun sollen? Ihm den einen Bund entreißen und damit davonlaufen? Gejuckt hat es mich ein paarmal.«

Ich war zu ungeduldig, um darüber auch nur zu lächeln: »Die Möbeltypen waren schon da und kommen in etwa einer Stunde wieder. Dann muß ich aber gleich los zum Telefonieren. Und die blöde Kiste habe ich auch noch nicht!«

Tina schloß die Haustür auf. Vor uns lag rechts ein kleines Stück Flur und links eine relativ steile Treppe, die hinauf in den ersten Stock führte. Bei ihrem Anblick ahnte ich, daß wir es nicht schaffen würden, Schleyer, in welchem Behältnis auch immer, hier hinaufzuhieven. Wir hatten vermeiden wollen, daß er mehr vom Inneren des Hauses mitbekam als sein Zimmer und die Toilette. Er sollte gar nicht merken, daß er in einem anderen Land war. Angesichts der Treppe schwante mir, daß das Vorsatz bleiben würde.

Pünktlich fuhr der Möbelwagen zum zweiten Mal vor, und die Männer trugen die Matratzen, Teppiche, Tische, Stühle und Tüten mit Geschirr und Hausrat hinein. Tina hatte das Kommando übernommen. Plötzlich kam sie in Hörweite der Möbelpacker auf mich zu und deutete dabei auf ihre Uhr. »Du mußt los, sonst klappt das mit dem Telefonanschluß für morgen bestimmt nicht mehr.«

Clever von ihr, mich mit dieser kleinen Einlage wegzuschicken. Ich gab ihr vor dem Haus einen Kuß auf die Wange, dann machte ich mich schnellstens auf den Weg zum Telefontreff.

Die Tasse Kaffee stand gerade vor mir, als hinter dem Tresen das Telefon klingelte. Die Bedienung nahm ab, hörte einen Moment zu, sah sich suchend um und nickte mir schließlich fragend zu. Als ich bestätigend reagierte, stellte sie das Telefon neben den Kaffee und gab mir den Hörer.

»Hallo, hier Herder. Herr Körner, sind Sie das?«

»Ja. Wir sind den ganzen Morgen kreuz und quer durch Holland gefahren und stehen jetzt auf einer Raststätte kurz vor Den Haag. Wie sieht es aus, wann können wir dich treffen und die Lieferung endlich ins Lager schaffen?«

Ich hatte einen dicken Kloß im Hals, versuchte aber möglichst ruhig und sachlich zu klingen. »Also, das tut mir wirklich leid, aber das wird noch einige Zeit dauern. Im Lager werden gerade erst die Möbel angeliefert, das hatte sich leider verzögert ... und ja, äh, der Container für den Weitertransport steht leider auch noch nicht zur Verfügung.«

Eine lange Pause, halblautes Getuschel am anderen Ende. »Also das ist doch nicht euer Ernst! Wir sind jetzt über 14 Stunden auf den Beinen, wie stellt ihr euch das weiter vor?«

Ich holte tief Luft: »Ich denke, wir sollten in zwei Stunden noch einmal miteinander reden. Ich werde dann im *Arena* sein und hoffe, daß wir die Sache zu Ende bringen können.«

Ich vernahm ein unwilliges Schnaufen. »In zwei Stunden ... und Sie hoffen ... na Klasse. Hier gibt es zwei Mann, die werden begeistert sein. Also, klar gesagt, ihr müßt das bis dahin geregelt haben, sonst müssen wir uns etwas anderes einfallen lassen. Ich hoffe, du hast das verstanden!«

Ich hatte. Gerade die Bemerkung über die »zwei Mann« hatte gesessen. Ich beeilte mich zu versichern, daß ich bis dahin notfalls selber etwas gebaut hätte, dann legte ich auf, zahlte und machte mich auf den Weg zurück zum Haus. Im Kopf war ich schon damit beschäftigt, was für Materialien aus irgendeinem Baumarkt ich auf die schnelle zu einem halbwegs tragfähigen Behältnis zusammenzimmern könnte.

In der Steevenstraat war inzwischen der Möbelwagen verschwunden; die Tür stand offen. Tina hatte sich eines der frisch erworbenen Geschirrtücher als Kopftuch umgebunden und war dabei, den Inhalt der Tüten und Kartons auf die Räume zu verteilen. Ich hatte auf dem Rückweg noch in Amsterdam und Utrecht angerufen, aber dort hatte bisher auch niemand die passende Kiste gefunden.

Ich erzählte Tina von dem Telefonat und gestand ihr meine Ratlosigkeit. Sie war nicht bereit, sich von meiner Unruhe anstecken zu lassen. »Also gut, noch mal in Ruhe. Wo könnte es so was geben? Diese Koffergeschäfte könnten was in der Dimension wahrscheinlich besorgen, aber ob sie es passend am Lager haben, ist doch eher unwahrscheinlich. Aber warte mal, ich habe da, glaube ich, mal was gelesen, von wegen Flechtkörben, daß das hier im Umland Tradition hat. Wenn die so etwas produzieren, kann man es auch irgendwo kaufen. Guck doch mal im Wörterbuch nach, was Flechtwaren und Wäschekorb auf Holländisch heißen. Dann gehen wir zur nächsten Telefonzelle, fragen bei der Auskunft nach, ob es solche Geschäfte gibt, und rufen dort an.«

Ich war mehr als skeptisch. Aber mangels einer besseren Idee zogen wir nach einem Blick ins Wörterbuch mit viel Kleingeld zur nahegelegenen Telefonzelle. Die Auskunft konnte uns tatsächlich zwei Eintragungen unter Korbwaren nennen. Ich gab eine Nummer Tina, während ich die andere anrief. Ich erklärte einer geduldigen Dame, daß ich einen Wäschekorb in der und der Größe suchen würde, ob sie so etwas zufällig hätten. Als sie sofort bejahte, dachte ich schon, nun sei diese Jagd zu Ende. Aber dann kam der Satz, der wieder alle Hoffnung zerstörte, sie eröffnete mir, daß ich zwar jede Größe bei ihnen bekommen könne, diese Maßanfertigungen jedoch eine Woche benötigten. Ich drängte noch einmal, ob sie zufällig nicht doch einen Korb in dieser Größe im Geschäft habe. Nein, die Körbe würden in solchen Größen immer nur auf Bestellung gefertigt. In der sicheren Erwartung, daß Tina aus der hinteren Telefonkabine auch keine besseren Nachrichten mitbringen würde, legte ich auf; ich fühlte mich fix und fertig.

Tina schien etwas auf einen Zettel zu notieren, sollte das etwa bedeuten ...? Sie hängte den Hörer in die Gabel und wandte sich mir zu. »So, wo ist der Wagen? Wir haben einen flandrischen Aussteuerkorb abzuholen. Er ist ein bißchen größer, als du gesagt hast, aber dafür wurde darin früher auch der gesamte Hausstand einer flandrischen Bäuerin transportiert, samt Geschirr, Töpfen und Tiegeln. Ich denke, das sollte reichen.«

Wenige Stunden später tat sich auf einem Feldweg im Umland von Den Haag ein letztes Hindernis auf. Erleichterung hatte sich breit gemacht, als ich endlich mit dem Korb eingetroffen war. Jetzt aber stellte sich heraus, daß es nicht möglich war, den riesigen Korb so in die Caravanrückseite zu bugsieren, daß Schleyer erst hineinsteigen und der Deckel dann geschlossen werden konnte. Shit happens. Inzwischen war es uns allen ziemlich egal, ob Schleyer bei einem schnellen Blick auf die uns umgebende Landschaft bemerken würde, daß er nicht mehr in Deutschland war. Wir wollten diesen »Umzug« nur noch hinter uns bringen. Also wurde der Korb offen vor den Wagen gestellt, Schleyer stieg hinein und nahm den Kopf bereitwillig zwischen die Beine, so daß wir den Deckel schließen und die Sperrstange durch die Schlaufen stecken konnten. Alle mußten mit anfassen, um das Aussteuermonster in den Wagen zu hieven. Dann machten wir uns auf den Weg in die Stadt.

Knapp eine Stunde später stand der Korb im ersten Stock des neuen Hauses. Tina hatte unten noch schnell einiges dekoriert, war dann aber wie vereinbart kurz vor unserem Eintreffen gegangen. Obwohl Hans im Laufe der Odyssee im Laderaum des Caravans nacheinander alle Glieder eingeschlafen waren und er bei den ersten Schritten mehr taumelte als ging, half er nach unserer Ankunft schon wieder mit, den Korb samt Inhalt erst über den Bürgersteig und durchs Vorgärtchen ins Haus und dann noch über die steile Treppe nach oben zu wuchten. Nachdem der Umstieg unter freiem Himmel schon unvermeidbar gewesen war, wollten wir uns im Haus nicht noch eine weitere Blöße geben. Hans, Karl und ich waren so ausgepumpt, als wir endlich oben im neuen »Spindy-Zimmer« angekommen waren, daß es Rosa überlassen blieb, Schleyer aus dem geflochtenen Gefängnis zu holen.

Er sah sich um, sah die Matratze, auf der wieder ein Stapel aus Decke, Bettwäsche, zwei Handtüchern, einem Satz Unterwäsche, Strümpfen, Zahnbürste, Zahnpasta und einem Stück Seife lag. Er deutete darauf und schaute fragend zu Hans: »Meine neue Insel?«

Hans, der wie ich noch immer nach Luft rang, nickte nur.

Spindy zog den Stapel zum Matratzenrand und dann vorsichtig auf den Fußboden hinunter. Dann legte er sich mit dem Rücken auf die Matratze und streckte sich mit schmerzverzerrtem Gesicht, ohne ein Wort zu sagen.

EINE ENTSCHEIDUNG

Einige Tage nach unserem Umzug nach Den Haag kam Hilde mit Rosa aus Amsterdam zurück. Sie hatten sich mit den übrigen Gruppenmitgliedern getroffen, um zu beraten, was für die nächste Zeit anstand. Als sie sich im Gemeinschaftsraum, der neben dem Zimmer Schleyers lag, gegenüber von Karl und mir auf eine Matratze setzten, war es bei Rosa nicht zu übersehen, daß sie bis in die Haarspitzen geladen war.

»Was ist los, ist etwas schiefgelaufen?«

Meine Frage hatte bei Rosa die gleiche Wirkung wie die Spitze einer Stecknadel auf eine prall gespannte Ballonhaut. Eben erst auf ihrem Hintern angekommen, schoß sie wieder hoch und bellte wütend los. »Diese Tussies, diese Schnepfen, die sind wirklich unglaublich. Das hättet ihr hören sollen: Die Aktion ist doch schon schiefgegangen, diesem Fahndungsdruck können wir nicht lange standhalten, wir würden doch nur noch darauf warten, daß sie uns finden. Wirklich, diesen Mist haben die abgesondert, und eigentlich wär's doch vielleicht besser, rechtzeitig die Händchen zu heben.«

Karl sah Rosa entgeistert an. »Das haben die wirklich gesagt ...?«

»So natürlich nicht«, antwortete Hilde, »dafür sind sie wiederum zu feige. Aber Rosa hat recht, darauf läuft es hinaus, die sind dabei zu kapitulieren.«

Mir ging das zu schnell. Inzwischen gab es neben der Wohnung in Utrecht, in der sich Ernst und Eva aufhielten, zwei Wohnungen in Amsterdam, in der kleineren wohnten zur Zeit Till und Tina, in der größeren Sarah, Christine und Lisa. »Von wem genau redet ihr . . .«

Rosa war noch nicht fertig. Während sie ihren Auf- und Abmarsch fortsetzte, kam die nächste Wutattacke. »Na, von wem schon, diesen blöden Tanten, auf der einen Seite Konkurrenz, von wegen, wer ist näher dran an der Spindy-Aktion, auf der anderen Seite Aufgabe, nichts geht mehr, Schmidtchen Schleicher hat doch eigentlich schon gewonnen. Und das beginnt abzufärben, Ernst meinte nämlich, er könne ja mal bei der ETA oder der IRA vorfühlen, ob wir bei denen vielleicht eine Weile unterkommen könnten. Das war Flucht, der war im Kopf schon unterwegs.«

Für den Moment schien die Luft raus, sie hielt inne, setzte aber nach kurzer Pause erneut, nur diesmal wesentlich leiser an. »Das geht so nicht weiter, wir treten auf der Stelle, werden immer passiver. Kein Wunder, daß es dann an den Rändern anfängt zu bröckeln. Ich glaube zwar auch, daß es Schmidt politisch nicht überleben wird, wenn wir Spindy den zweiten oder dritten Monat im Sack haben, und er und Herold sind immer noch nicht an uns rangekommen, aber wir können nicht einfach nur warten.«

Karl sah aus, als versuchte er noch immer, das bisher Vernommene zu sortieren. »Willst du noch etwas vorbereiten? Das schaffen wir doch nicht . . .«

Weiter kam er nicht, denn Hilde unterbrach ihn. »Nein, natürlich nicht. Aber Rosa und ich haben die ganze Rückfahrt darüber gesprochen, und wir glauben beide, daß wir mit den Palästinensern Kontakt aufnehmen sollten, um sie zu fragen, ob wir einige von uns bei ihnen für eine Weile parken können. Wir haben doch jetzt weder die Zeit noch die Nerven, eine Grundsatzdebatte in den eigenen Reihen zu führen. Also müssen wir wenigstens dafür sorgen, daß alle unsicheren Kantonisten weder uns noch sich selbst zur Gefahr werden können. In Middle East bei Old Man sind sie jedenfalls so lang sicher, bis die Spindy-Kiste so oder so zu Ende gegangen ist.«

Old Man war unser Name für Abu Hani, den Anführer der PFLP-Gruppierung, die wir als unsere Verbündeten betrachteten. Bei mir wuchs das vage Gefühl, daß dieser Vorschlag vielleicht wirklich Bewegung in diese festgefahrene Situation bringen könnte. Wir hatten Schleyer zwar davon überzeugt, daß wir, sollte Schmidt nicht nachgeben, eine weitere Aktion vorbereiten würden, und das hatte er auch als Gefahr bei einer weiteren Verzögerungstaktik in Briefen und Videos nach draußen weitergereicht. Aber irgendwelche erkennbaren Fortschritte in Richtung eines Austausches unserer Gefangener gegen Schleyer hatten diese Warnungen nicht gezeitigt. Nun bestand langsam die Gefahr, daß Schleyer zu realisieren begann, daß wir kräftemäßig womöglich gar nicht mehr imstande wären, eine solche Ankündigung auch wahr zu machen. Wenn schon von innen kaum noch Phantasie freizusetzen war, konnte vielleicht von außen etwas kommen, was uns half, nicht mehr bloß zu reagieren.

»Und wenn Old Man sein Okay gibt, dann schicken wir ihm einfach unsere Kapitulanten runter, das können wir doch so nicht machen. Wenn die wirklich so drauf sind, wie ihr's geschildert habt, könnten die doch auch dort ruckzuck zum Problem werden.« Karls Einwand schob sich vor meine Hoffnungen. Er hatte recht, so einfach durften wir es uns nicht machen.

Rosa war inzwischen wieder völlig ruhig, als hätte es diesen Ausbruch vor wenigen Augenblicken nicht gegeben. »Natürlich schicken wir sie nicht einfach runter und wenden uns dann den Tagesgeschäften zu. Es geht ja schließlich auch nicht nur um diese Landverschickung, sondern auch darum, mit Old Man über die jetzige Situation und vor allem über die Zeit nach Spindy zu reden. So wie ich das sehe, sollten einige von uns dann für eine Weile aus Westeuropa verschwinden. Wir haben mal gesagt, daß es ihnen nie wieder gelingen darf, die ganze Gruppe zu neutralisieren. Genau deswegen werden wir nach Schleyer wieder sicheres Hinterland brauchen, darum geht es hauptsächlich.«

Noch während Rosa redete, war Hilde aufgestanden, an der Tür blieb sie stehen: »Ich gehe jetzt Hans ablösen. Der sollte die Chance haben, auch noch etwas zu diesen Überlegungen zu sagen, bevor es zu sehr in die Details geht.«

Rosa setzte Hans schnell und konzentriert in Kenntnis. Doch als bei ihr wieder die Wut durchzubrechen drohte, legte ihr Hans plötzlich den Zeigefinger auf die Lippen. »Pssst, schalt' mal runter, das meiste, was jetzt kommen würde, hab' ich vorhin schon nebenan hören können – und Spindy übrigens auch. Mich mußt du also nicht mehr überzeugen, aber es wäre besser, wenn Spindy nicht im zweiten Durchgang all das mitbekommt, was er beim ersten Mal vielleicht noch nicht verstanden hat.«

Rosa war so aus dem Konzept gebracht, daß sie vom Brüllen zum Flüstern wechselte: »War ich wirklich so laut? Das war mir nicht bewußt, tut mir leid.«

Hans lächelte ihr zu. »Also, so schlimm war's nun auch wieder nicht. Spindy hat natürlich auch unabhängig von vorhin schon bemerkt, daß dieses jämmerliche Spiel uns langsam an die Substanz geht. Er glaubt inzwischen ebenfalls, daß es vielleicht besser wäre, für einige Zeit überhaupt nicht mehr zu reagieren, so daß Schmidt vielleicht eher in einen Erklärungsnotstand gerät, wie es denn nun weitergehen soll.«

»Hast du so mit ihm darüber geredet?« Karl sah ihn erstaunt an. »Ich habe langsam das Gefühl, daß nicht mehr wir die Situation beherrschen, sondern die Umstände uns. Wenn wir für Tage oder Wochen die Schotten dicht machen wollen, ist das doch eine ziemlich weitreichende taktische Entscheidung, die ich zumindest nicht ohne Absprache mal eben mit dem Gefangenen diskutieren würde.«

Während Hans Stirn zu Beginn von Karls Einwand noch in konzentrierte Falten gelegt war, kehrte sein gewohntes Lächeln schon zurück, bevor Karl geendet hatte. »Nun mal halblang. Glaubst du denn, er würde sich nicht so oder so Gedanken darüber machen, warum es nicht weitergeht? Wenn wir ihm keine plausible Erklärung liefern und keinen Fortgang benennen können, dann muß er spekulieren, und dabei kann, je länger die Ungewißheit dauert, dann wirklich etwas Kurzschlüssiges herauskommen. Nein, jetzt ist er eingebunden in die reale Misere, wir müssen uns nicht von einer verqueren Erklärung zur nächsten hangeln, und er fühlt sich nicht akut bedroht. Wenn du mir sagen kannst, auf welchem anderen Weg wir für die nächsten Tage Stabilität in unser Verhältnis zu ihm kriegen, wär ich froh, mit dir über 'ne Alternative reden zu können.«

Karl, der bisher eher zusammengesunken an der Wand gelehnt hatte, saß nun kerzengerade. Er hatte ein besonderes Verhältnis zu

Hans, nahm alles, was dieser sagte, sehr ernst. Es war deshalb für ihn ungewohnt und verunsichernd gewesen, Hans zu kritisieren. Aber Hans Art, andere Standpunkte nicht gleich abzulehnen, erleichterte es ihm nun, den Rückzug anzutreten. »Also konkret sagen, wie man da anders handeln könnte, kann ich, ehrlich gesagt, auch nicht. Mir ist einfach mulmig dabei geworden, was wir inzwischen alles mit Spindy erörtern, verstehst du?«

»Du hast ja auch recht, wir müssen natürlich aufpassen, daß wir die Kontrolle nicht verlieren, und immer wieder bestimmen, wie welche Info von ihm interpretiert wird und was er daraus folgern kann. Ich werde jedenfalls in Zukunft erst ausführlich mit euch darüber reden, bevor ich mich ihm gegenüber zu irgend etwas äußere. Es war falsch, daß ich das bei dieser Geschichte nicht getan habe!«

»Na gut, aber jetzt vielleicht noch der Fahrplan für morgen: Wir müssen entscheiden, wer mit welcher Agenda zu Old Man fliegt, wie viele und wer mit nach unten soll, welche Routen wir nehmen und wie wir dann Verbindung halten können, das ganze Repertoire eben.« Rosa sah jetzt sehr müde aus.

DIE LETZTEN NÄCHTE IN HOLLAND

Es war seltsam. Natürlich hatte keiner von uns etwas über die bevorstehende Abreise erzählt. Aber vielleicht war es bei dieser Art Tagesablauf, wo alles miteinander verflochten war, unvermeidlich, daß sich etwas von unserer Aufbruchsstimmung bis hinein in das Zimmer übertrug, in dem wir abwechselnd mit Hanns-Martin Schleyer zusammensaßen. Ich hatte jedenfalls irgendwann das Gefühl, als ahne er zumindest, daß größere Veränderungen anstehen.

Ich hatte Karl bei der Wache abgelöst. Es sollte für längere Zeit auch seine letzte Wache bei Schleyer sein. Er würde wieder die Koordination, Verbindung oder Weiterleitung von allem übernehmen, was vom Kommando nach außen ging. Auch für Rosa und mich würde er in Zukunft die Telefon- und Fernschreiberdates mit Bagdad abwickeln. In Frankreich konnte man sich in vielen größeren Postämtern Fernschreiben schicken lassen, wenn man vorher die entsprechenden Nummern erfragt und einen Tag und eine Uhrzeit vereinbart hatte. Telefonate waren absoluten Not- und Ausnahmefällen vorbehalten, da wir uns sehr sicher waren, daß sowohl der französische wie vermutlich auch noch einige andere Geheimdienste die Telefonate mit dem Nahen und Mittleren Osten abhörten.

Von all dem, was mich beschäftigte, konnte Schleyer eigentlich nichts wissen. Und dennoch, bei manchen seiner Fragen in diesen Nächten vor meinem Abflug nach Bagdad hatte ich den Eindruck, er wisse, daß wir uns nicht wiedersehen würden.

Ich weiß nicht mehr genau, wie wir in dieses Gespräch hineingeraten sind, aber ich denke, er hat mich am Anfang, wie es häufig geschah, einfach nach dem Stand der Dinge gefragt. »Wenn es kein Betriebsgeheimnis ist, wüßte ich gern, ob ihr schon entschieden habt, wann die – wie hat es der Kollege doch genannt – Sendepause beginnen und wie lang sie dauern soll?«

Ich war wirklich über die neusten Überlegungen dazu nicht informiert, weil ich die letzten Tage und Nächte damit verbracht hatte, ein gutes Dutzend Reisepässe zu fälschen und sie mit entsprechenden Visa- und Ein- sowie Ausreisestempeln zu versehen. Die Gruppe derer, die die Reise nach Bagdad antreten würden, hatte sich inzwischen auf neun erhöht. Da aber für einige der Routen Wechselpässe nötig waren und wir außerdem immer einen gewissen Rückreisevorrat mitnahmen, war diese Arbeit noch nicht ganz beendet. Aber ich hatte eine Auszeit genommen. Mehr als zwei Tage und eine Nacht in der Dunkelkammer bei stark gedämpftem Rot- oder Grünlicht Negative und Positive entwickeln, Scharfstellen des Vergrößerers auf arabeske Details eines saudischen Visas, Belichten von photoempfindlich beschichteten Offsetplattenstückchen unter UV-Licht, scharfer Schwefelsäuregeruch beim Aufätzen der Stempelnegative, der Essigsäuregeruch des synthetischen Kautschuks beim Anrühren der Stempelmasse, nur unterbrochen von Polaroid-Paßphotositzungen mit den zukünftigen Reisenden und ein paar wenigen Stunden unruhigen Schlafs. Ich war einfach nicht mehr konzentriert genug, um gleich die nächste Staffel in Angriff zu nehmen.

»Tut mir leid, da mußt du bis morgen warten und den Kollegen selber fragen, ich weiß nicht, wie der Stand der Diskussion ist. Gibt es einen besonderen Grund, warum du das wissen willst?«

Er setzte sich mit dem Rücken an die Wand, streckte die Beine kurz einzeln aus, bevor er sie kreuzte und den Oberkörper weit vorstreckte.

»Wenn du aufstehen und ein bißchen herumgehen willst, zieh ich die Vorhänge zu, kein Problem!«

Aber da beendete er bereits die kurze gymnastische Einlage und zog die Beine vor die Brust. »Später vielleicht, etwas verspannt bin ich schon. Also, ja, ich habe noch einmal darüber nachgedacht, ob es nicht vielleicht klug wäre, diese – Sendepause gar nicht gegenüber Schmidt zu erklären, ihn – wie soll ich sagen – einfach zu übergehen.«

Er schien gespannt zu sein, was ich davon hielt. Aber da ich noch nicht verstand, was er eigentlich meinte, fragte ich: »Wieso nicht ihm sagen, daß wir nichts sehen, worüber noch zu verhandeln wäre, schließlich ist er verantwortlich dafür, daß die ganze Sache in der Sackgasse angekommen ist!«

Schleyer wirkte enttäuscht, dann nahm er einen neuen Anlauf: »Das ist natürlich richtig. Und weil das so ist, wäre es doch ein Signal, wenn eure Erklärung sich gar nicht an ihn richten würde. Vielleicht sollte das sogar drinstehen, daß ihr in ihm kein ernst zu nehmendes Gegenüber mehr seht – oder so eine ähnliche Formulierung.«

Ich verstand jetzt zwar, was er wollte, wurde aber zunehmend neugieriger, warum er so etwas vorschlug. »Aber an wen denn sonst? Er ist nun mal der Regierungschef. An die Opposition können wir die Erklärung wohl kaum richten, abgesehen davon, daß die sich auch nicht gerade überschlagen haben, Druck zu deinen Gunsten bei Schmidt zu machen.«

So etwas wie Trotz, gepaart mit einem genau dosierten Anteil Mißfallen klang durch, als er antwortete: »Ich weiß schon, meine politischen Freunde haben unter dem großen Schirm der Staatsraison Platz genommen. Aber das ist ein anderes Problem. Es hätte wirklich keinen großen Sinn, jetzt eine solche Erklärung an sie zu richten, sie haben Schmidt das Ruder allein überlassen, da wird sie eine solche Ankündigung kaum dazu veranlassen, aktiver zu werden oder einen eigenen Kurs aus der Misere zu formulieren. Nein, von denen erwarte ich erst einmal nichts, was zu einer Lösung führen könnte.«

Er machte eine Pause und schien damit zu hadern, daß seine Enttäuschung herauszuhören gewesen war. »Nein, eigentlich ging es mir mehr darum, daß ihr Schmidt, wenn er nicht der Adressat ist, einerseits dazu zwingt – das heißt, die Öffentlichkeit, die Spekulationen der Medien werden ihn, so hoffe ich jedenfalls, dazu zwingen –, sich etwas deutlicher und etwas perspektivischer zu erklären. Von dem her, was ihr mir an Zeitungsausschnitten gegeben habt, habe ich den Eindruck, daß er genau das zu vermeiden sucht. Außerdem, vielleicht wäre diese Zäsur ja eine Gelegenheit, das Bild von euch ein wenig zurechtzurücken.«

Ich hatte einen Augenblick das Gefühl, rot anzulaufen, als er die Zeitungsausschnitte erwähnte. Es hatte bei der Zensur unsererseits eine Panne gegeben, die wir erst im nachhinein bemerkt hatten. Bedingt durch die vielen Aktivitäten zur Vorbereitung der Reisen nach Bagdad hatte es eine der Frauen in Amsterdam übernommen, einige aus unserer Sicht inhaltlich harmlose Artikel zusammenzustellen, die wir Schleyer zu lesen geben konnten. Die Artikel enthielten keinerlei Informationen, von denen wir nicht wollten, daß der Gefangene sie erfuhr. Karl hatte sie sich noch einmal angesehen, bevor Schleyer sie schließlich bekommen hatte, und auch nichts entdeckt, was dem entgegengestanden hätte. Aber die Frau wie auch Karl hatten übersehen, daß auf der Rückseite eines der Ausschnitte die letzten Sätze eines anderen Artikels zu lesen gewesen waren. In diesem wiederum ging es um die Trauerfeierlichkeiten für die von uns ermordeten Polizisten und den Fahrer Schleyers. Es war Hans, der schließlich darüber gestolpert war, als er die Zeitungsartikel wieder eingesammelt hatte. Ihm war aufgefallen, daß Schleyer alle übrigen Zeitungsausschnitte mit der Überschrift nach oben zusammengelegt hatte, nur einer, eben dieser, lag andersherum.

Hans hatte sich Mühe gegeben, sich nichts anmerken zu lassen, bis er nach dem Wachwechsel aus dem Zimmer war. Er hatte sogar noch mit Schleyer über die inhaltliche Ausrichtung unterschiedlicher Zeitungen bei der Bewertung des Standes der Entführung diskutiert, und dieser hatte mit keiner noch so kleinen Anspielung zu erkennen gegeben, daß er jetzt wußte, daß wir ihn zumindest in diesem Punkt von Anfang an belogen hatten.

Jetzt jedenfalls war ich dankbar dafür, daß er mir mit dem letzten Teil seines Satzes die Möglichkeit gegeben hatte, den verfänglichen ersten Teil zu umschiffen. »Wie meinst du das, daß sich da die Möglichkeit bieten würde, das Bild von uns zurechtzurücken?«

Seine Anspannung wuchs, was sich darin bemerkbar machte, daß er seine Hände zu kneten begann, während er antwortete. Er schien jeden Satz sehr genau überlegt zu haben. »Also, ihr wollt nicht mehr wie bisher über das BKA verhandeln, ihr wollt für einige Zeit – wie sagt ihr gleich – abtauchen und erwartet euch davon, daß sich der Druck auf Schmidt erhöht. Wenn dazu aber nichts an Erklärung kommt, wird gewiß schon nach kurzer Zeit darüber spekuliert werden, ob ihr mich nicht getötet und die Aktion beendet habt. Wäre es da nicht besser, wenn ihr vorher eure Beweggründe öffentlich machen würdet und erklärt, daß ihr euch erst wieder auf Verhandlungen einlaßt, wenn es ein konkretes Angebot gibt? Damit würden Mordspekulationen die Spitze genommen, und es würde nochmals unterstrichen, daß es Schmidts Entscheidung ist, ob es weitergeht und wann.«

Wieder verstand ich, was er meinte, hatte aber das Gefühl, den eigentlichen Sinn und Zweck dieses Vorschlags noch nicht zu erfassen. Und warum erzählte er das mir? »Kann man auch andersherum sehen. Natürlich, wenn keine Erklärung kommt, wird nach kurzer Zeit das wilde Spekulieren losgehen: Lebt er noch? Haben die was vor? Läuft was im Geheimen? Was weiß ich, was denen sonst noch dazu einfällt. In dem Punkt sind wir einer Meinung. Aber ob das unserem Image schadet, kann uns, glaube ich, ziemlich egal sein. Die Frage ist doch eher, ob es nicht ganz nützlich sein könnte, wenn Schmidt sich damit konfrontiert sieht, daß die Medien über deinen möglichen Tod schreiben. Zwingt ihn vielleicht nicht gerade das nach einiger Zeit dazu, irgendein konkreteres, glaubwürdigeres Angebot zu machen, um überhaupt wieder mit uns ins Gespräch zu kommen? Um Gewißheit darüber zu erlangen, was mit dir geschehen ist?«

Ich glaubte, einen Anflug von Ärger über sein Gesicht huschen zu sehen, aber wenn es so gewesen war, dann hatte er dieses Gefühl bei der folgenden Antwort schon wieder herausgefiltert. »Oder diese Ungewißheit macht es ihm noch einfacher. Was ist denn, wenn er zum Beispiel sagt, es sei zwar unglaublich schlimm und bedauerlich, daß man wahrscheinlich mit Schleyer ein weiteres Opfer dieser ruchlosen Bande zu beklagen habe, es bestätige ihn aber nur nochmals in seiner Haltung, und es gelte nun, alles zu tun, um euch schnellstmöglich zur Strecke zu bringen?«

»Das wird er bestimmt nicht tun. Stell dir mal vor, er schreibt dich, wenn auch nicht offen, sondern zu unseren Lasten, einfach vor der Zeit ab. Und dann melden wir uns bzw. du dich nach einiger Zeit quicklebendig, dann stünde er doch ziemlich dumm da. Ich glaube nicht, daß er ein solches Risiko eingehen würde, so instinktlos hat diese Type bisher nie reagiert.«

Für einen Augenblick hatte ich den Eindruck, ihm sei der Wind aus den Segeln genommen. Er sah mich prüfend an, als suche er in meiner Miene nach einem Anknüpfungspunkt für eine Erwiderung.

»Also, sicher bin ich mir bei meiner Einschätzung nicht, nur für so zwingend wie du halte ich es nicht, eine Erklärung zur Sendepause abzugeben. Wenn aber doch, dann hast du immer noch nicht gesagt, wen an Stelle von Schmidt wir als Adressaten nehmen könnten.«

Als Schleyer jetzt antwortete, hatte seine Stimme an Entschiedenheit verloren, sie klang müde, traurig, resigniert. »Ich habe halt gedacht, wenn ihr etwas zum vorläufigen Ende der Verhandlungen äußert, wäre es vielleicht eine Geste, wenn ihr das gegenüber meiner Familie statt gegenüber Schmidt tun würdet.«

Mir ging ein ganzer Kronleuchter auf. Offensichtlich hatte ihn von dem Augenblick an, als Hans zum ersten Mal angedeutet hatte, daß wir die Verhandlungen vielleicht abbrechen würden, vor allem beschäftigt, wie die dann wachsende Ungewißheit über sein Schicksal auf seine Familie wirken würde. Scham stieg in mir auf, und mein Mitleid führte dazu, daß ich auswich. Ich konnte und wollte diese Empfindungen nicht zulassen oder mich ihnen stellen. »Ich hab ja schon gesagt, daß ich an dieser Diskussion, seit wir uns zuletzt gesehen haben, nicht beteiligt war. Ich würde deine Überlegungen auf jeden Fall morgen noch mal mit Hans oder Rosa besprechen. Es wäre nicht das erste Mal, daß die das ganz anders sehen als ich.«

Er antwortete nicht, rührte sich auch nicht, starrte auf die Matratze. Eine ungemütliche Stille füllte allmählich den Raum aus. Um irgend etwas zu tun, stand ich auf, zog die Vorhänge zu und drehte das wesentlich hellere Deckenlicht an.

Als ich schon nicht mehr damit rechnete, fragte er plötzlich: »Für mich klang gerade durch, als wenn Sie sich auch zukünftig an der Diskussion, wie es mit Ihrer Aktion und somit auch mit mir weitergehen soll, nicht mehr persönlich beteiligen werden. Sind Sie für andere Aufgaben eingeteilt worden?«

Der plötzliche Wechsel ins Förmliche und zu einem scheinbar ganz anderen Thema überraschte mich ebenso wie die Genauigkeit seiner Beobachtung. Hinzu kam ein Gefühl von Dankbarkeit, daß er nicht versuchte, die festgefahrene Auseinandersetzung fortzusetzen. »Das stimmt, ich hab' das Glück, zumindest für einige Zeit rauszukommen aus diesem ganzen Druck.« Ich bereute diese Antwort, kaum daß sie mir über die Lippen gekommen war.

Er merkte auf, sah mich an, schien über soviel Direktheit erstaunt. »Na, dann hoffe ich für Sie, daß Sie bei dem, was Sie jetzt vorhaben, nicht in eine Situation mit noch mehr Schieflage geraten als die, die Sie hinter sich lassen.«

Diesmal war ich es, der schwieg. Jedes weitere Wort, egal ob ausweichend, bestätigend oder relativierend, hätte nicht zurückholen können, was er jetzt wußte. Warum war mir das bloß über die Lippen gekommen? Wie würden die anderen es aufnehmen, wenn ich ihnen morgen früh beichten würde, daß mir meine bevorstehende Abreise so nebenbei herausgerutscht war? Einfach nur zu sagen, ich hätte mich den Rest dieser Nacht sehr unwohl gefühlt, wäre eine Untertreibung gewesen. Das einzige, womit mir der Gefangene die unangenehme Situation erleichtern konnte, tat er wenig später. Er zog sich wortlos aus, faltete die Decke auseinander, klopfte sich das Kopfkissen zurecht und legte sich mit dem Gesicht zur Wand zum Schlafen nieder.

Bis zur Wachablösung war ich mit dem Durcheinander in meinem Kopf allein. Ich kann nicht mehr genau sagen, ob es in diesen paar Stunden war, daß ich das erste Mal konkret darüber nachdachte, ob diese ganze Aktion auch völlig schiefgehen könnte. Was ich noch sicher weiß ist, daß ich, als ich wenig später nach Bagdad flog, nicht mehr daran geglaubt habe, daß Schmidt nachgeben würde. Ich behielt diesen Meinungswechsel aber noch eine geraume Weile für mich, vielleicht um nicht der erste zu sein, der etwas aussprach, was unser gesamtes Absichts- und Rechtfertigungsgerüst würde zusammenbrechen lassen.

DIE VERBÜNDETEN

Rosa und ich kamen nicht als erste in Bagdad an. Als wir über die Reihenfolge der Abflüge diskutierten, war das vom Kommando entschieden worden, weil die Gefahr bestand, daß BKA und befreundete Polizeiapparate alle Flüge in und über den Ostblock und in Richtung Mittlerer Osten observierten.

Da wir als Maxime für alles weitere Handeln festgelegt hatten, daß der Gegenseite auf keinen Fall ein Kommandomitglied in die Hände fallen dürfe, wurden drei aus der Gruppe für den ersten Flug bestimmt, um nach deren Ankunft zumindest halbwegs sicher sein zu können, daß die gewohnten Routen noch benutzbar waren.

Aber weder der Flug der ersten Gruppe – sie waren als Pärchen und eine davon scheinbar unabhängige Einzelperson geflogen – noch unser Flug verlief anders als sonst. Wir hatten nicht das Gefühl, observiert worden zu sein, noch waren beim Check-in, der Paßkontrolle und den Transitaufenthalten irgendwelche ungewöhnlichen Vorfälle zu verzeichnen gewesen.

Der erste Tag in Bagdad hatte etwas sehr Unwirkliches. Als wir ankamen und auf die übliche Art von einem Geheimdienstler durch die Kontrollen geschleust worden waren, empfing uns Samy, Palästinenser und Old Man's Verbindungsmann zur irakischen Führung. Er teilte uns mit, daß wir Old Man erst am nächsten oder übernächsten Tag treffen würden, er sei noch auf dem Weg hierher. Außerdem eröffnete er uns auf dem Weg vom Flughafen in die Stadt, daß wir nur noch ein paar Tage in unserem bisherigen Hinterhofhäuschen bleiben würden, weil er dabei sei, für uns ein größeres zu organisieren. Angesichts der Tatsache, daß wir in kurzer Zeit zu neunt sein würden, waren wir dankbar. Unsere bisherige Unterkunft in Bagdad bestand aus zwei kleinen Räumen, einer Dusche sowie einer Dachterrasse. Schon zu fünft würde es ziemlich eng werden, auch wenn wir, wie allgemein üblich, auf dem Dach schliefen.

Nach einem kurzen Briefing im Office der PFLP – nicht einzeln und allein in die Stadt gehen, vom Diplomatenviertel und den großen Hotels fernhalten, keine Kontakte zu anderen Ausländern aufnehmen und alles irgendwie Verdächtige sofort an Samy weitergeben – wurden wir ins kleine Haus gefahren.

Christine, Ernst und Hilde warteten bereits seit Stunden auf unsere Ankunft. Verglichen mit der Stimmung, in der ich die drei zuletzt in Holland erlebt hatte, schienen sie wie ausgewechselt. Sie hatten einen kleinen Imbiß aus Tomaten, Stangensellerie, frischen Fladenbroten und mitgebrachtem Cheddar-Käse und Salami für uns vorbereitet. Wir waren ziemlich ausgelaugt, den zwölfstündigen Transitaufenthalt in Belgrad mitgerechnet, waren wir über 24 Stunden unterwegs gewesen, aber die soviel lockerere Atmosphäre wirkte ansteckend.

Am späten Nachmittag beschlossen Rosa und ich, hinunter zum Fluß zu gehen und von dort aus ein wenig die Stadt zu erkunden. Als die drei Erstankömmlinge uns begleiten wollten, kehrte die gewohnte Ernsthaftigkeit zurück. Bei Ausflügen nie einer allein, aber auch nie mehr als drei auf einmal. Wir waren schon einige Schritte gegangen, als uns anhaltendes Hupen veranlaßte, uns umzusehen. Es war Samy in seinem Geländewagen, er hatte offensichtlich jemanden mitgebracht. Neugierig machten wir kehrt.

Erst als wir direkt vor ihm standen, erkannten wir den zweiten Mann. Es war Steve, Mitglied des internationalistischen Flügels der Revolutionären Zellen. Wir waren verblüfft. Wir hatten seit längerem keinen Kontakt mehr mit RZ-Mitgliedern gehabt und gegenüber Old Man auch deutlich gemacht, daß die RZ-Leute von unserem Aufenthalt nicht auch erfahren sollten. Wenn Old Man Steve trotzdem zu uns bringen ließ, mußte es dafür gewichtige Gründe geben. Samy sagte uns, daß Steve uns etwas übermitteln solle, er sei nur Chauffeur und würde ihn in ein, zwei Stunden wieder abholen.

Wir gingen zu dritt ins Häuschen, Rosa schickte Christine, Eva und Ernst aufs Dach. Steve hatte sich, seit ich ihn zuletzt gesehen hatte, sehr verändert. So braun wie er war, mußte er schon einige Zeit hier sein. Er hatte kurz geschnittene und fast schwarz gefärbte Haare, trug einen hellen, sicherlich ziemlich teuren Leinenanzug und hatte ein Lederköfferchen dabei. Wer ihn so sah, hätte ihn vermutlich für einen Nachwuchsdiplomaten oder einen Geschäftsmann gehalten.

Steve wartete, bis wir unter uns waren, dann begann er völlig belanglos mit der Frage, wie es uns denn gehen würde, wie der Flug verlaufen sei, ob wir alles hätten, was wir brauchten.

Rosa erwiderte schroff, er könne ja sehen, daß wir noch auf den Beinen seien und – mit einer Geste zu den Resten des Imbisses – auch nicht Hunger leiden müßten. Für Rosa war alles, was RZ hieß, ein rotes Tuch, die Revolutionären Zellen, das war bei ihr »die Sachschadenfraktion, die Teilzeitrevolutionäre, die Spaltpilzbewegung«, an deren Strategie und Aktionen sie kein gutes Haar ließ.

Steve ließ sich von ihrer massiven Unfreundlichkeit nicht beeindrucken. »Nur um keinen falschen Eindruck aufkommen zu lassen, ich bin nicht hier, weil ich – oder wir als Gruppe – irgend etwas von euch wollen. Ich soll euch zwar von uns aus jede Hilfe anbieten, aber ich hab den anderen schon gesagt, daß ich euch für viel zu überheblich halte, als daß ich mir vorstellen könnte, ihr würdet ausgerechnet von uns Hilfe annehmen.«

»Geschenkt. Hör einfach auf mit allem Drumherum! Was willst du, so kurz wie möglich bitte, wir sind schon ein paar Stunden auf den Beinen.«

Wieder steckte er den Affront Rosas ohne sichtbare Regung weg und lächelte sogar: »Wie du willst, also als Telegramm. Abu Hani hat mich gebeten, mit euch zu reden. Er will euch morgen seine Hilfe anbieten, eine Unterstützungsaktion, um diese festgefahrene Kiste vielleicht doch noch in Bewegung zu kriegen, das war's auch schon.«

Diese Eröffnung verblüffte Rosa so sehr, daß sie völlig vergaß, ihrer nächsten Frage wieder die gewohnte Schroffheit mitzugeben. »Und warum schickt er dich? Das hätte er uns morgen ja wohl auch selbst sagen können. Und was bedeutet Unterstützungsaktion, hat er dazu irgend etwas gesagt?«

Steve schien seinen Wissensvorsprung zu genießen, jedenfalls war der süffisante Unterton kaum zu überhören. »Er schickt mich, weil ich deutsch mit euch reden kann. Ich habe ihn getroffen, bevor er zu diesem Kurztrip aufgebrochen ist, von dem ich annehme, daß er schon in Verbindung steht zu dem, was er euch morgen vorschlagen will. Natürlich hat er mir nicht gesagt, um was konkret es gehen wird. Er wollte nur, daß ihr vorbereitet seid und euch vielleicht schon mal überlegt, ob ihr euch eine solche Unterstützungsaktion vorstellen könnt.«

»Und du hast wirklich keine Idee, was das sein könnte, was er da im Köcher hat? Er wird doch kaum gesagt haben, geh hin, sag ihnen, ich hab da was vor, und frag sie, ob sie das wollen oder nicht?«

Steve schien ein wenig enttäuscht, daß ich Rosa zuvorgekommen war. »Nein, nicht mal eine Andeutung. Er hat nur gesagt, er sei ein bißchen enttäuscht, daß ihr mit ihm über eine solche Möglichkeit nicht schon vor der Aktion gesprochen habt. Ich denke, deswegen hat er mich erst mal geschickt. Und, ehrlich gesagt, ich kann's auch nicht verstehen. Sowohl der 2. Juni wie auch wir hätten uns etwas einfallen lassen, hätten wir gewußt, was ihr vorhabt. Wir sehen es eigentlich alle so, Old Man inklusive, daß ihr da etwas in einer Dimension losgetreten habt, wo eine Niederlage nicht auf euch als Gruppe beschränkt bleibt, sondern sich auf alle auswirken könnte.«

Jetzt war Rosa wieder schneller als ich: »Ist ja nett, daß alle so besorgt um uns sind, aber was soll dieses Gerede, daß sich eine Niederlage von uns in dieser Aktion auf alle auswirken wird?«

»Jetzt hör aber auf, so naiv wie du gerade tust, bist du nun wirklich nicht.« Steves Ton war nun ebenfalls scharf. »Glaubst du etwa, daß sich die harte Linie von Schmidt nur auf euch auswirkt? Und denkst du wirklich, daß sie nur für diese Aktion gilt und sich diese Linie bei einer anderen Aktion, einer anderen Gruppe, wieder ändern würde? Wenn der diese Sache mit 'ner militärischen Lösung als einziger Option bis zu Ende durchziehen kann, dann wird es dabei bleiben, auch wenn er nicht mehr Kanzler ist, auch unter Kohl oder wem immer. Sag bloß nicht, daß euch das nicht auch klar war, als ihr beschlossen habt, Schleyer auf diese Weise von der Straße zu holen.«

Ich kannte Rosa lang genug, um an ihren Gesichtszügen abzulesen, wie sie ihre Wut niederkämpfte. Sie antwortete leise, diesmal ohne jede Schärfe, dafür mit einem gerüttelt Maß an Sarkasmus. »Tut mir leid, wenn wir es so gemacht haben sollten, daß es euch nicht gefällt. Und was euer Hilfsangebot angeht, das haben wir vermißt, als der letzte Hungerstreik lief und klar war, daß es dabei Tote geben wird. Aber da haben wir nichts von euch gehört. Und was die harte Linie angeht, die wir angeblich zu zementieren geholfen haben, bist du auch nicht ganz auf dem laufenden. Es gab da nämlich eine EU-weite Festlegung, verbindlich festgeklopft auf der Konferenz der Innenminister im Frühjahr in Luxemburg, bei politischen Geiselnahmen wird nicht mehr ausgetauscht, Punkt.«

Steve sah Rosa mißtrauisch an. »Und woher wißt ihr das so genau? Ich habe das so nirgends gelesen. Und wenn ihr es gewußt habt, warum, verflucht noch mal, habt ihr dieses Ding trotzdem durchgezogen?«

Rosa hatte gelogen. Ich wußte zwar, daß die Innenminister über eine zukünftige gemeinsame Haltung in solchen Situationen geredet hatten, aber ich wußte auch, daß Länder wie Frankreich und Holland es abgelehnt hatten, sich auf eine derart harte Linie festlegen zu lassen. Mir war nur nicht klar, warum sie so argumentiert hatte.

»Erstens haben wir's nicht vor der Aktion erfahren, sondern erst nachdem sie schon begonnen hatte. Zweitens hätte uns das Wissen um einen solchen Beschluß trotzdem nicht davon abgehalten, zu versuchen, unsere Gefangenen zu befreien. Ich denke, das war genug Austausch für heute! Wie wär's, wenn du uns jetzt mal allein läßt und zu den anderen aufs Dach gehst, bis Samy dich abholt? Wir haben etwas zu besprechen.«

Steve zuckte mit den Schultern, stand auf, nickte mir zu und ging nach draußen. Ich wartete noch, bis ich ihn die Stahltreppenstufen zur Dachterrasse hinaufsteigen hörte, dann platzte ich los.

»Was sollte denn das mit dem Innenministerbeschluß? Ich versteh wirklich nicht, warum du eben so ein Feuerwerk abgebrannt hast? Halb so viel Emotion und doppelt soviel Zurückhaltung wären jedenfalls besser gewesen, wenn du den Typ nicht auch noch zusätzlich gegen uns munitionieren wolltest.«

Eine wegwerfende Handbewegung machte mir deutlich, was sie von meinem Einwand hielt. »Was der denkt oder was der wem sagt, ist mir so was von egal. Was mich sehr viel mehr beschäftigt ist die Frage, warum Old Man ihn geschickt hat und was es mit seiner Offerte auf sich hat. Der Alte weiß genau, wie wir zur RZ stehen. Kannst du dir einen Reim darauf machen?«

Ich hatte Abu Hani als jemanden kennengelernt, der nichts ohne vorheriges Nachdenken tat und dabei die möglichen Folgen seines Tuns genau durchzuspielen pflegte. »Das einzige, was mir dazu einfällt, hat Steve schon gesagt. Vielleicht wollte der Alte ja nicht nur, daß uns jemand sein Angebot auf deutsch übermittelt, sondern hatte dabei auch im Blick, daß derjenige unsere Reaktion und womöglich noch ein paar Fetzen unseres Austausches untereinander verstehen und ihm davon berichten kann. So gesehen könnte es Sinn machen, jemanden wie Steve zu schicken. Das würde ja zu deiner Einschätzung passen, daß die RZ-Internationalisten inzwischen logistisch völlig von ihm abhängig sind.«

Rosa sah nachdenklich aus dem Fenster. »Ja, könnte so sein. Aber das beruhigt mich nicht gerade. Irgendwie werde ich das Gefühl nicht los, daß das alles einen Haken hat, an dem wir am Ende hängenbleiben könnten.«

Wir saßen immer noch zusammen und versuchten zu deuten, was gerade passiert war, als wenig später Samy auftauchte, um Steve abzuholen.

OLD MAN

Es war vor über einem Jahr gewesen, als ich in Aden Abu Hani kennengelernt hatte. Er war klein, untersetzt bis rundlich, trug immer eine Kappe über einem schon sehr gelichteten Haarkranz. Für mich war er eine Mischung aus einem Puppenspieler, meist unsichtbar, aber immer derjenige, der die Fäden in der Hand hielt, und einem Schachspieler, präsent am Brett, aber ohne etwas von den tausend taktischen und strategischen Überlegungen preiszugeben, die weit über den Zug hinausgingen, den er gerade tat. Ich denke, es gab niemanden in unserer Gruppe, der nicht fasziniert war von ihm und seiner Art, Dinge anzugehen. Besonders Rosa behandelte er mit einer Herzlichkeit, die nicht nur daraus zu resultieren schien, daß sie zur Sprecherin der Gruppe ihm gegenüber bestimmt worden war.

Daß Old Man, so unser durchaus respektvoll gemeinter Spitzname für ihn, auch eine ganz andere Seite hatte, wußten wir von denjenigen aus unseren Reihen, die die ersten Verhandlungen mit ihm führen mußten. Die erste RAF-Generation hatte noch mit der Al Fatah zusammengearbeitet. Die Fatah Arafats änderte aber Mitte der 70er Jahre ihren Kurs und wollte nicht mehr länger mit »Terrorgruppen« in Verbindung gebracht werden. Die deutsche Gruppe, die für das Zusammentreffen der RAF-Splitter bei einer militärischen Ausbildung den Weg bereiten wollte, wurde von der Fatah an die PFLP/SC, also an Abu Hani verwiesen.

Die Gespräche mit dem PFLP-Anführer gestalteten sich schwierig. Abu Hani machte deutlich, daß er nur anfangs akzeptieren würde, mit einer Delegation über die Ausgestaltung der Zusammenarbeit zu sprechen. Er bestand aus Sicherheitsgründen darauf, bei allen Verhandlungen um konkrete Projekte nur mit ein, höchstens zwei aus den Reihen der Deutschen bestimmten Personen zu reden. Die RAF-Vorausgruppe mußte sich also entscheiden, ob sie dem von Abu Hani sogenannten Leader-Prinzip zu folgen bereit war. Die Gruppe gab nach, bestimmte zwei Personen, die Verhandlungen im Namen aller zu führen.

Kaum war aus Sicht der kollektivistisch orientierten Deutschen diese Kröte geschluckt, da kartete Abu Hani nach. Er wollte über politische Hintergründe und konkrete Projekte nur dann reden, wenn klar festgelegt würde, über welche Punkte eine allgemeine Diskussion zulässig und welches Hintergrundwissen auch den eigenen Mitgliedern gegenüber geheimzuhalten sei. Auch in der Auseinandersetzung um diese weitgehende Einschränkung gruppeninterner Offenheit lenkten die Deutschen letztlich ein.

Als sie ihm ihre Wünsche vorgetragen hatten, war er sofort bereit, so gut wie alles zu arrangieren, worum sie ihn baten. Dann aber machte er deutlich, daß Internationalismus keine Einbahnstraße sein könne. Er forderte von der RAF-Vorausgruppe, daß die Deutschen den Palästinensern bei einer Reihe von Aktionen helfen sollten, die von der PFLP allein nur schwer oder gar nicht durchgeführt werden konnten.

Zu Beginn unserer Ausbildung im Jemen bekamen wir einen ersten Hinweis darauf – die vereinbarte Geheimhaltungsverpflichtung bestand fort –, daß Abu Hanis eingeforderte Vorleistungen auch erbracht worden waren. Drei Genossen aus der ersten Gruppe, die bereits vor uns eine militärische Ausbildung erhalten hatte, waren bei einem versuchten Raketenanschlag der PFLP auf eine El Al-Maschine in Kenia verhaftet worden. Eine Frau kam wieder frei, verließ aber kurz nach ihrer Rückkehr die RAF und heiratete einen PFLP-Funktionär. Die anderen beiden, ein Pärchen, blieben verschwunden. Da Kenia schlicht leugnete, sie seien je dort gewesen, wir aber wußten, daß Israel und der Mossad in Kenia großen Einfluß hatten, gingen wir davon aus, daß die Genossen nach Israel verschleppt worden waren. Es sollte Jahre dauern, bis es einer arabisch-israelischen Anwältin gelang, Israel auch nur dazu zu bewegen, die Inhaftierung der Deutschen zuzugeben.

Abu Hani sprach nach dem Desaster den RAF-Verhandlungsführern sein großes Bedauern darüber aus, daß diese Aktion so verlustreich verlaufen sei. Seiner Einschätzung nach war sie verraten worden. Er sagte aber auch, daß die beiden Verhafteten für das palästinensische Volk Helden und Märtyrer des Freiheitskampfes wären und die PFLP nun in der Schuld der RAF stünde.

Als wir ins Office kamen, sagte uns Samy, wir müßten noch einen Moment warten, das letzte Gespräch Abu Hanis sei noch nicht beendet. Während wir auf den Gesprächstermin warteten, brachte uns ein sehr junger Palästinenser schwarzen Tee und ein paar Biskuits. Es war ein sehr heißer Morgen, in allen Räumen drehten sich die Ventilatoren unter der Decke. Rosa war nervös und verschwitzt, sie zog aus einem der herumstehenden Kartons ein Kleenex, um sich die Stirn zu trocknen.

»Er macht es diesmal wirklich spannend. Ich glaube fast, daß es zu seiner Inszenierung gehört, uns jetzt noch etwas schmoren zu lassen.«

Ich mußte lächeln, etwas Ähnliches hatte ich gerade selbst überlegt. »Na, dann geben wir uns doch gleich alle Mühe, ihn zu enttäuschen. Dazu müßtest du es aber schaffen, etwas gelangweilter zu gucken.«

Jetzt mußte auch Rosa lächeln. »Okay, ich hab' verstanden, in der Ruhe liegt die Kraft.«

Als sei es das Stichwort gewesen, kam Samy herein und bedeutete uns, ihm zu folgen. Wir traten ins Konferenzzimmer, einen Raum mit einem sehr langen Tisch und einem Dutzend Stühle. Am Kopfende und eingerahmt von einem Haufen Papieren saß Abu Hani, links neben ihm Susu, eine junge Palästinenserin, die als eine Art Protokollführerin und Schreibkraft für ihn fungierte und ihn immer begleitete. Als wir eintraten, stand Abu Hani auf und kam uns lächelnd und mit ausgebreiteten Armen entgegen.

»Meine Genossen, es ist gut, euch zu sehen. Es ist so vieles passiert, seit wir uns das letzte Mal gegenüber saßen. Zuerst aber möchte ich gratulieren zu eurer Aktion! Sie wird bestimmt Eingang finden in die Liste der großen revolutionären Taten dieser Epoche«, sagte er in seinem, im Vergleich zu unserem eher amerikanisch geprägten Slang altertümlich, wohlformulierten Englisch. Er begann die meisten Sitzungen mit einer Art Ansprache, und auch die dann folgende Festlegung von Tagesordnungspunkten wurde in der Regel im direkten Gespräch mit ihm in Englisch ausgehandelt. Wenn er aber dazu überging, Susu in Arabisch etwas zu sagen, um es von ihr übersetzt an uns weitergeben zu lassen, gab es inhaltlich Dissenz, sollte das auch formal Distanz ausdrücken.

Er nahm erst Rosa und dann mich in die Arme und tauschte Bruderküsse mit uns aus. Dann, höflich und vollendet wie immer, zog er einen Stuhl für Rosa zurück und machte eine einladende Geste.

»Meine Freunde, wir werden viel zu besprechen haben, also haltet mich nicht für unhöflich, wenn ich gleich zur Sache komme.«

Bis jetzt hatte noch keiner von uns auch nur ein Wort sagen können. Rosa übernahm die offizielle Begrüßung. »Wir freuen uns auch, dich zu sehen, und wir sind dankbar, daß du uns erlaubt hast, mit so vielen Genossen auf einmal zu kommen.«

Old Man's Lächeln wurde noch eine Spur breiter und herzlicher. »Aber nicht doch, das ist selbstverständlich unter Verbündeten. Ich hatte mir schon Sorgen gemacht, wie sich die Situation für euch entwickeln könnte, wenn ihr alle dort seid. Es war richtig, möglichst viele fortzuschaffen, das reduziert das Risiko auch für die übrigen.«

Rosa nahm ihren Notizblock aus der Tasche, schlug ihn auf, ein Signal auch für Abu Hani, der sich auf Arabisch an Susu wandte und daraufhin ein Blatt von ihr gereicht bekam.

»Ich habe euch gestern von Steve ausrichten lassen, was ich vordringlich mit euch besprechen möchte. Vermutlich habt ihr euch gewundert, daß ich ihn geschickt habe, aber dafür gab es eine Reihe von Gründen. Ich wollte nicht, daß es euch jemand von uns in schlechtem Englisch überbringt, und ich hatte gehofft, daß ihr auch miteinander ins Gespräch kommen würdet.«

Ich rechnete damit, daß Rosa sofort etwas dazu sagen würde, aber sie saß mit undurchdringlicher Miene vor ihrem Block und ließ sich keine Regung anmerken.

Abu Hani stand auf und begann hinter dem Kopfende des Tisches auf und ab zu gehen, während er fortfuhr. »Bevor ich euch aber meine Vorschläge unterbreite, möchte ich erst kurz zusammenfassen, wie ich die momentane Situation beurteile. Bitte widersprecht, wenn sich meine Einschätzung nicht mit eurer deckt. Helmut Schmidt hat sich festgelegt, nicht nachzugeben. Das sagt er zwar nicht offen, aber es scheint mir daran keinen Zweifel geben zu können. Ich denke außerdem, daß es für euch zumindest schwierig, vielleicht sogar unmöglich ist, diese Aktion durch eine weitere zu stützen. Als euer Verbündeter möchte ich euch daher anbieten, eure Aktion durch ein weiteres, von uns durchgeführtes Kommando zu helfen. Ihr hattet ja schon seit gestern Zeit, darüber nachzudenken, und ich hoffe, daß ihr uns die Gelegenheit geben werdet, unsere praktische Solidarität unter Beweis zu stellen!« Er blieb stehen und sah Rosa und mich erwartungsvoll an.

Rosa lächelte nun ebenfalls. Wir kannten seine blumige Art, die Dinge zu formulieren, wußten aber auch, daß dabei jedes Wort genau überlegt und nichts nur so dahingesagt war. »Wir danken dir, wir danken euch für dieses Angebot. Es stimmt, daß Helmut Schmidt versucht, die harte Linie zu fahren und die militärische Lösung sucht. Und es stimmt auch, daß wir es in dieser Situation starken Fahndungsdrucks nicht schaffen werden, eine weitere große Aktion zu organisieren. Wir würden natürlich erst einmal gerne wissen, an was für eine Art von Aktion du bei diesem Unterstützungsangebot gedacht hast.«

Abu Hani ging zurück zu seinem Platz und sprach leise ein paar Worte mit Susu, bevor er sich wieder an uns wandte. »Als ich anfing, darüber nachzudenken, wie und womit ich euch vielleicht helfen könnte, ist mir sehr schnell klargeworden, daß es vor allem schnell gehen muß. Je länger sich die harte Linie verfestigen kann, desto unwahrscheinlich dürfte es sein, daß Schmidt noch einmal davon abweicht. Außerdem habe ich auch vermutet – und daß ihr jetzt mit so vielen zu uns kommt, bestätigt meine Analyse –, daß es für euch immer schwieriger werden dürfte, euch ohne Risiko in Westeuropa zu bewegen. Es gibt zwei Aktionen, die ich euch anbieten kann. Beide haben wir bereits vor einiger Zeit und aus ursprünglich ganz anderen Gründen vorbereitet, was uns jetzt in die Lage versetzt, relativ schnell zu handeln. Die erste Aktion wäre eine Besetzung der deutschen Botschaft in Kuwait durch eines unserer Kommandos, die zweite wäre die Entführung einer Lufthansa-Maschine.«

Rosa und ich hatten uns vor dem Gespräch darauf verständigt, uns Abu Hanis Vorschläge anzuhören, aber keine Diskussion darüber vor ihm zu führen. »Wie auch immer wir uns entscheiden, wir sind sehr dankbar, daß ihr euch so solidarisch verhaltet. Wir bitten darum, jetzt keine sofortige Entscheidung von uns zu verlangen, dafür ist dieses Angebot zu ernst und zu wichtig. Jetzt, wo wir die möglichen Aktionsziele kennen, werden wir mit den übrigen Genossen des Kommandos darüber sprechen und schnellstmöglich entscheiden.«

Abu Hani sah Rosa zuerst sehr ernst an, aber dann erschien wieder sein gewohntes Lächeln: »Natürlich, das kann ich verstehen. Du sagst, ihr wollt euch mit den übrigen Kommandomitgliedern darüber austauschen. Ich vermute, daß das über Telefon geschehen soll? Ich frage deswegen, weil für eine solche Verbindung, wenn sie denn sicher sein soll, Vorbereitungen getroffen werden müßten.«

Wenn es technisch-praktisch wurde, war ich zuständig. »Nein, Telefon haben wir nur für äußerste Notfälle vereinbart. Wir brauchen einen Fernschreiber, am besten einen, der auf eine bekannte und unverdächtige Firma läuft. Was wir darüber austauschen, wird sowieso codiert sein und sich für jeden Außenstehenden wie Geschäftsverhandlungen über einen Öl-Deal zwischen einer irakischen und einer europäischen Firma lesen.«

»Wann könnt ihr den Kontakt herstellen?«

Ich sah auf die Uhr und begann zu rechnen. »Morgen vormittag um 11 Uhr lokaler Zeit.«

Wieder sprach Old Man mit Susu, diesmal dauerte es um einiges länger, bis er sich wieder uns zuwandte. »Ich werde dafür Sorge tragen, daß euch morgen zu der genannten Zeit der Fernschreiber von ›Iraqui-Pharmaceutics‹ zur Verfügung steht. Meine Freunde, ich will euch nicht bedrängen, aber wenn der Kontakt morgen klappt, wann, denkt ihr, werdet ihr zu einer Entscheidung gekommen sein?«

Abu Hani kannte unsere Arbeitsteilung von anderen Treffen her und hatte Rosa direkt angesprochen. Diese überlegte einen Moment. »Ich denke auch, daß diese Vorschläge schnell entschieden werden müssen, weil es ja auch noch einige Tage, wenn nicht Wochen brauchen wird, eure Vorbereitungen abzuschließen. Wenn der erste Kontakttermin morgen funktioniert, können wir uns einen Tag später, also übermorgen, mit den Genossen aus Brüssel treffen, dann können wir noch am selben Abend die Entscheidung mitteilen. Wir haben zwei Fernschreiber-Termine für jeden Tag vereinbart, selbst wenn der Frühtermin nicht klappt, kann es trotzdem bei diesem Timing bleiben. Ist das in Ordnung für dich?«

Abu Hani tippte sich mit seinem Stift nachdenklich auf die Nase. »Zeitlich ja, aber ich würde aus Sicherheitsgründen gern wissen, wohin die Schreiben gehen. Das werden mich natürlich auch die Irakis fragen, bevor sie uns erlauben, einen ihrer Fernschreiber zu benutzen.«

»Es ist der öffentliche Anschluß eines Postamts in Paris.« Da ich diese Frage vorausgesehen hatte, antwortete ich, ohne zu zögern. »Wir haben gleich drei davon ausgecheckt, in denen nacheinander einer von unseren Leuten jeweils vormittags und nachmittags eine Stunde wartet, ob etwas eintrifft. Der wartet, kennt den Code nicht, weiß nicht, worum es inhaltlich geht, sondern gibt die eingegangenen Nachrichten an die Kommandomitglieder weiter. Wir benutzen dieses System schon eine Weile, und es gab bisher nie eine Panne.«

Die Antwort schien Abu Hani zufriedenzustellen. »Liebe Freunde, laßt uns damit den formellen Teil beenden. Ich würde es aber begrüßen, wenn ihr noch soviel Zeit erübrigen könntet, euch zu einem Essen von mir einladen zu lassen. Darauf würde ich mich übrigens nicht allein freuen, Susu, Samy und seine Frau sowie Abu Ibrahim würden auch gern dabeisein.«

Auf Rosas Gesicht erschien ein strahlendes Lächeln. »Abu Ibrahim ist hier? Das ist ja ein schöner Zufall, wir haben ihn so lange nicht mehr gesehen!«

Abu Ibrahim war einer der politischen Köpfe der PFLP, hatte vor Jahren in der DDR studiert und sprach fließend deutsch. Wir hatten ihn während der Ausbildung in Aden kennen- und schätzengelernt, wo er dafür zuständig gewesen war, uns die Strukturen der palästinensischen politischen Gruppen und deren unterschiedliche Ausrichtungen zu erklären. Er hatte das mit soviel Humor und Ironie getan, wie man es sonst bei Palästinensern eher selten erlebt.

Abu Hani konnte an unserer Reaktion ablesen, daß ihm diese Überraschung gelungen war. Trotzdem blieb er ernst. »Nein, das ist kein Zufall. Ich habe Abu Ibrahim gebeten herzukommen. Wenn ihr einer Unterstützungsaktion zustimmt, ganz egal welcher, wird es viel zu organisieren und zu besprechen geben. Ich werde mit Sicherheit einige Reisen machen, aber gleichzeitig mit euch im Gespräch bleiben müssen. Damit es da keine Reibungsverluste gibt, wird Abu Ibrahim die Übermittlung und Koordination zwischen euch und mir übernehmen. Aber darüber können wir uns auch noch später mit ihm unterhalten.«

Abu Hani stand auf und strich die vor ihm liegenden Seiten zusammen. Diese Geste stand immer am Ende der Sitzungen mit ihm. »Meine Freunde, ich möchte euch bitten, unten noch einen Moment auf mich zu warten. Wie ihr ja wißt, bin ich auch gerade erst zurück von einem Flug und habe mit meinen Genossen noch einige formelle Dinge zu klären. Aber keine Sorge, es wird nicht lange dauern.«

Wir standen auf, verließen das Konferenzzimmer und gingen nach unten. Ich stand noch ganz unter dem Eindruck dieses Gesprächs, tausend Fragen gingen mir durch den Kopf. »Sag mal, eine Botschaftsbesetzung, eine Flugzeugentführung, das sind ja nun beides nicht gerade die Aktionsformen ...«

Rosa gab mir einen Stoß in die Seite. »Nicht jetzt, nicht hier und auch nicht später beim Essen! Wir reden, wenn wir allein sind. Bis auf weiteres auch zu den anderen im kleinen Haus kein Wort von den Vorschlägen, okay?!«

Ich begriff zwar nicht, warum sie so strikt reagierte, aber am Ton erkannte ich, daß es besser war, nicht zu widersprechen.

Wir waren inzwischen im unteren Flur angekommen. Auf einer Bank saß ein älterer, vollbärtiger Palästinenser, der aufsprang und auf uns zulief, kaum daß er uns gesehen hatte.

»Ich bin so froh, daß ihr hier seid und daß es euch gut geht!« Abu Ibrahim nahm erst Rosa, dann mich in die Arme und erdrückte uns beinahe. »Es ist wirklich eine Ehre für mich, in dieser Sache mit euch zusammenarbeiten zu dürfen.«

Er trat zurück, sah uns prüfend an. »Wie lang ist es her, seit wir im Jemen zusammen in die Berge gefahren sind? Ein Jahr, zwei Jahre?

Mir kommt es so vor, als sei es gestern gewesen, so lebendig sind meine Erinnerungen an diese Fahrt!«

Rosa wehrte einen erneuten Umarmungsversuch lachend ab. »Es ist über ein Jahr her, aber du bist immer noch so kräftig, daß mir die Luft wegbleibt, wenn du mich drückst. Wie geht es Leila?«

Leila war die Frau Abu Ibrahims und für uns während der ersten Zeit in der Wüste mindestens so wichtig gewesen wie Abu Ibrahim selbst. Während er für uns unermüdlich übersetzte und vermittelte, gab sie uns das Gefühl, auch über das Sachliche hinaus aufgenommen und akzeptiert zu sein. Sie organisierte Essen, Kinobesuche, besorgte Literatur für uns oder zeigte uns den Basar. Und sie stärkte unseren Frauen den Rücken, sich von den manchmal etwas übergriffigen palästinensischen Machos nichts gefallen zu lassen.

Inzwischen schien Abu Hanis Besprechung beendet zu sein, denn er kam die Treppe hinunter und gesellte sich zu uns. »Ich habe einen großen Tisch in einem Fischrestaurant unten am Fluß reservieren lassen. Kommt, wir gehen und finden heraus, ob stimmt, was der Koran und die Bibel behaupten, daß nämlich die Fische aus Euphrat und Tigris die wohlschmeckendsten auf dieser Welt sind.«

EINE SCHNELLE ENTSCHEIDUNG

Gleich der erste der vereinbarten Fernschreiber-Termine war erfolgreich: »Stehen kurz vor Vertragsabschluß, Geschäftsbesprechung morgen in der Filiale, unbedingt kommen.«

Die Filiale stand für die Lounge im Transitbereich des Flughafens in Sofia. Von dort und nach dort gab es sowohl von Bagdad wie auch von Brüssel und Paris aus täglich mehrere Flugverbindungen.

Rosa und ich hatten uns nach dem Treffen mit Abu Hani von Samy am Fluß absetzen lassen und waren zu Fuß zurück zum kleinen Haus gegangen, um Zeit zu haben, ungestört miteinander reden zu können.

In mir sah es ziemlich widersprüchlich aus. Einerseits hätte ich gegen beide vorgeschlagenen Aktionen sofort eine ganze Reihe von Einwänden geltend machen können, angefangen mit dem gewichtigsten, daß wir Flugzeugentführungen als Aktionsform für uns bisher immer abgelehnt hatten. Andererseits hatte ich das Gefühl, daß dieses Angebot die letzte Chance war, die Gefangenenbefreiung doch noch durchzusetzen. Aber ehe ich diese Gegensätze auch nur hätte formulieren können, kam von Rosa eine kurze, aber kategorische Feststellung.

»Wir werden das machen müssen. Es kann falsch sein, es kann schiefgehen, aber wenn wir es gar nicht erst versuchen ...«, sie schwieg einen Moment. »Wir wissen beide, was dann passieren wird. Ich fühl mich beschissen dabei, aber ich werde mich mit jedem anlegen, der nicht mitzieht.«

»Wie wollen wir das vermitteln?«

Sie blieb stehen, sah mich scharf an. »Was soll das denn jetzt? Die Ps werden eine Kommandoerklärung abgeben, unsere Forderungen als ihre übernehmen, das ist doch klar.«

»So hab ich das nicht gemeint. Ich meinte, unseren Legalen zum Beispiel und – na ja – letztlich auch den Stammheimern. Du weißt ja, wie heftig sie nach der RZ-Beteiligung an der Entführung der El Al-Maschine nach Entebbe reagiert haben. Von wegen, uns sollte bloß nicht einfallen, uns an so 'ner Kiste zu beteiligen.«

Am Fluß unter den langen Palmenreihen war es etwas kühler als in der drückend-schwülen Hitze, die in den Gassen der Stadt stand. Trotzdem schwitzte ich so sehr, daß das T-Shirt mir an Brust und Rücken klebte. Aber das lag nicht nur an der Temperatur.

»Ich sag's noch mal. Wir wissen beide, was passieren wird, wenn Spindy schiefgehen sollte. Die Stammheimer meinen es ernst, die machen dann Schluß. Ich laß mich gern für diese Entscheidung prügeln, wenn sie dadurch nur rauskommen.«

Diesem Argument hatte ich nichts entgegenzusetzen, sie hatte recht und wir eigentlich keine Wahl.

»Und noch was. Keinen Ton von alledem gegenüber dem Haufen im kleinen Haus. Sie werden von der Sache erst unmittelbar vorher etwas erfahren, da darf uns kein Ausrutscher unterlaufen! Ich habe überhaupt keine Lust, darüber jetzt mit diesen Figuren eine Dauerdebatte zu beginnen.«

»Okay, aber dann brauchen wir eine Deckgeschichte für unser Verschwinden morgen.«

Unter einem riesigen Oleander, der gnädig Schatten bot, stand eine Bank. Wir setzten uns und sahen hinaus auf den Fluß.

»Ach was, wir sagen's, wie es in etwa ist. Wir treffen jemanden vom Kommando aus Brüssel, die wollen uns sprechen, weil da was in Bewegung gekommen ist, Punkt.«

Ich versuchte einen Kiesel über das Wasser hüpfen zu lassen, aber er versank schon nach dem ersten Hopser.

»Du mußt mir nicht gleich wieder sagen, daß wir keine Alternative haben, aber ich habe einfach kein gutes Gefühl bei der Sache. Es ist nicht nur die Form der Aktion. Ich kann's auch nicht genau sagen, aber ausgerechnet Lackaffe Steve wird geschickt, weiß also vermutlich Bescheid. Und dann Old Man's Wundertütennummer, kommt ihr Kinder, gebt fein acht, ich hab euch etwas mitgebracht. Irgendwie alles zu schnell, alles unter Druck ...« Wir setzten unseren Weg gemächlich fort und kamen dem kleinen Haus dabei unweigerlich näher. Ich war froh, mein Unbehagen wenigstens rausgelassen zu haben, auch wenn dies am weiteren Fortgang nichts ändern würde.

Rosa erwiderte nichts, schien nur den jeweils nächsten Meter vor ihren Füßen zu fixieren. Erst als wir an der Straße angekommen waren, die vom Fluß abbog und zum Häuschen führte, blieb sie stehen. »Ich hab schon verstanden, was du vorhin gemeint hast. Unter beinahe allen anderen Umständen würde ich sagen, Finger weg, eine andere Möglichkeit finden ..., geht aber nicht. Also werde ich morgen so überzeugt davon sein, daß es richtig ist, das Angebot der Ps anzunehmen, als hätte ich nicht den leisesten Zweifel. Und von dir erwarte ich das gleiche! Die werden vermutlich Karl schicken, und der wird die erste Hürde sein, die wir zu nehmen haben.«

Eine kalte Ruhe breitete sich in mir aus. »Wir werden ihn überzeugen, und er wird die anderen überzeugen, und übermorgen werden wir Abu Hani das Okay geben.«

Den restlichen Weg bis zum kleinen Haus gingen wir schweigend nebeneinander.

EIN TREFF IM TRANSIT

Wir waren schon gegen zehn Uhr mit der ersten Maschine aus Bagdad in Sofia angekommen. Unseren Tickets zufolge würden wir hier acht Stunden Aufenthalt haben, ehe wir nach Warschau weiterfliegen sollten. Wenn alles nach Plan lief, würden wir aber auf anderen Tickets, die jetzt noch im Seitenfutter von Rosas Beauty-Case steckten, heute nachmittag wieder nach Bagdad zurückfliegen.

In der Lounge setzten wir uns so, daß wir vom Tisch aus den Eingangsbereich im Blick hatten. Karl würde in etwa eineinhalb Stunden eintreffen, vorausgesetzt, der Flug hatte keine Verspätung.

Rosa hatte ihr Notizbuch aufgeklappt und füllte bereits die zweite Seite mit verschlüsselten Eintragungen. »Je länger ich darüber nachdenke, was alles noch vorbereitet werden muß, desto mehr fällt mir ein. Hoffentlich ist Karl einigermaßen fit und wach, er wird einen mittleren Roman auswendig lernen müssen.«

Rosa fertigte ihre berüchtigten Listen in der Regel immer unmittelbar vor einem Treffen an. Sie hatte sich einen eigenen, assoziativen Code zugelegt. Sie schrieb zum Beispiel »Seife macht Handtuch-Job in der Eiskrem-Bude«. Das bedeutete, daß Karl, dem sie einmal ein Stück Seife wegen seiner Verschwitztheit geschenkt hatte, eine Wohnung in Köln aufräumen soll, in deren Nähe ein Eissalon lag, den wir manchmal besucht hatten. Diese Botschaft, selbst wenn sie der Gegenseite in die Hände fiel, konnte nur sie rückübersetzen. Sofort nach dem Treffen würde sie auf der Toilette verschwinden, die Seiten in kleine Schnitzel zerreißen und wegspülen.

Während sie damit beschäftigt war, Systematik in die vielen notwendigen Schritte zu bringen, behielt ich unsere Umgebung im Auge. Es waren nicht sehr viele andere Flugpassagiere in der Lounge, niemand schien uns zu beachten, ein Pärchen eben, bei einem Zwischenstopp auf dem Weg von A nach B.

»Wir dürfen nachher nicht vergessen, noch einiges aus dem Dutyfree zu besorgen, Samy wollte ein paar Stangen Zigaretten und hat gemeint, es könne nicht schaden, wenn wir dem Sicherheitstypen, der uns in Bagdad immer rausschleust, eine Flasche Cognac mitbringen würden.« Rosa dachte immer an alles.

Die Zeit verging nur zäh, aber schließlich erschien auf der Anzeigetafel hinter der Flugnummer der Maschine aus Brüssel das Zeichen »landed«. Weitere zehn Minuten später kam ein gut gekleideter Herr mit einem Aktenköfferchen herein, sah sich um und kam dann erfreut auf uns zu.

»Das ist ja prima, daß wir uns hier treffen konnten. Ich habe alle Unterlagen dabei und denke, daß wir uns schnell verständigen werden. Mein Rückflug geht leider schon in zwei Stunden, also lassen Sie uns gleich anfangen.«

Als wir Platz genommen hatten und der Kellner Karls Bestellung entgegengenommen hatte, sagte er leise: »Das war verdammt noch mal nicht einfach zu organisieren von gestern auf heute. Hoffentlich ist das wirklich so wichtig, daß sich der ganze Aufwand auch rentiert.«

»Abu Hani hat uns eine Unterstützungsaktion angeboten, die in etwas über einer Woche stehen könnte, ist das wichtig genug? Du wirst mit allem, was es bis jetzt dazu zu sagen gibt, zurückfliegen, ihr werdet es diskutieren und uns morgen nachmittag eure Entscheidung mitteilen. Wir haben es schon diskutiert und sind dafür, es zu machen.«

Karl pfiff leise durch die Zähne, öffnete seinen Aktenkoffer und nahm ein Ringbuch heraus.

»Nein, keine Notizen, das reist alles in deinem Kopf zurück. Also, Old Man hat eine LH-Maschine ausgecheckt und wird sie von einem vierköpfigen Kommando hochnehmen lassen. Die Maschine wird mit zwei Zwischenlandungen nach Aden fliegen, dort ist Endstation, dort werden die Passagiere nach Ankunft der Gefangenen freigelassen, und das Kommando und die Freigelassenen setzen sich ab. Von der Planung her wird die ganze Aktion in etwa 72 Stunden beendet sein.«

Die Überraschung stand Karl ins Gesicht geschrieben. Aber Rosa ließ ihm nicht mal Zeit zum Luftholen.

»Wir können das jetzt nicht erst noch mit dir ausdiskutieren, dazu reicht die Zeit nicht. Wie gesagt, wir haben es bereits seit gestern miteinander besprochen, und wir sind beide dafür. Nimm das jetzt einfach als Message mit den Fakten zusammen zurück, und dann diskutierst du es mit den anderen. Solltet ihr den Vorschlag ablehnen, werden wir das natürlich akzeptieren müssen. Geht das für dich in Ordnung?«

Mir tat Karl ein wenig leid. Er konnte kaum etwas anderes als ja sagen, so wie Rosa ihren Vortrag aufgebaut hatte.

»Na, du machst mir Spaß. Eine Flugzeugentführung, keine Zeit darüber zu diskutieren, aber bitte bis morgen eine Entscheidung. Das muß ich erst mal verdauen, geht mir alles etwas zu ruckzuck.«

»Verdau es schnell, denn ich habe noch 'ne Dringlichkeitsliste von fast dreißig Punkten für dich, die wir durchgehen müssen.«

Karl sah von Rosa zu mir und schüttelte ungläubig den Kopf. »Ihr seid komplett verrückt, und wenn ich zurückkomme und das Ganze den anderen erzähle, werden sie von mir das gleiche denken ...« Er nahm das Ringbuch, packte es wieder in den Koffer und klappte den Deckel zu. »... Dreißig Punkte, sagtest du? Dann sollten wir anfangen, hoffentlich kann ich mir das alles in der kurzen Zeit merken.«

»Fast dreißig Punkte, angefangen damit, daß eine Doppelerklärung geschrieben werden muß, eine für die Ps, eine für uns, die sich aufeinander beziehen. Internationalismus, wechselseitige praktische Solidarität, gemeinsamer antiimperialistischer Kampf, das muß alles da rein. Und dann brauchen wir 'ne Telefonconnection und einen Code, damit die Koordination schnell laufen kann. Das Telefon sollte wenn möglich bei 'nem Legalen stehen, auf gar keinen Fall in einer unserer Buden. Außerdem ...«

Rosa redete die gesamte restliche Zeit auf Karl ein, der sie nur ein-, zweimal mit Nachfragen unterbrach. Es wurde dennoch so knapp, daß wir ihn bis zum Transitcounter begleiteten, um die letzten Punkte ansprechen zu können.

Gleich nachdem er hinter der Absperrung verschwunden war, wurde Rosas Notizbuch um etliche Seiten dünner.

Die Schnelligkeit, in der sich die Vorbereitungen entwickelten, ließen uns kaum Zeit für längere Gespräche. Rosa schrieb, kümmerte sich um Fernschreiben und Telefonate und war – obwohl wir inzwischen in ein sehr viel größeres, zweistöckiges Haus umgezogen waren – damit beschäftigt, die immer drängenderen Fragen der übrigen Gruppenmitglieder abzuwehren. Sie hatten nicht lang gebraucht, um zu bemerken, daß sich etwas anbahnte. Samy kam manchmal jede Stunde wie ein Taxidienst, um einen von uns zu bringen oder zu holen, und – noch viel ungewöhnlicher – gegen Abend erschien Abu Hani bei uns und verschwand mit Rosa und mir auf die obere Dachterrasse. Aus all diesen Aktivitäten sowie Rosas und meiner Schweigsamkeit hatten die anderen ihre Schlüsse gezogen und zu fragen begonnen.

TÜCKEN IM DETAIL

Nachdem das Okay vom Kommando aus Brüssel gekommen war, ohne Zusatz, ohne Nachfrage, ohne Bitte um Aufschub, begann Abu Hani uns, wo es ihm geeignet erschien, in die Vorbereitungen der Flugzeugentführung einzubeziehen.

Ich wurde eines Morgens von Samy abgeholt, weil es ein, zwei technische Probleme gebe und Abu Hani mit mir darüber reden wolle. Als ich ihm im Office, wie immer sekundiert von Susu, gegenübersaß, kam er sofort zur Sache. Vor ihm auf dem Schreibtisch lagen mehrere Waffen, eine Mini-Maschinenpistole, zwei Makarov-Pistolen, vier russische Defensiv-Handgranaten, zwei Sprengzünder und ein kleiner Block Plastiksprengstoff. Er deutete auf die Sammlung, sprach dann mit Susu, die mir wiederum auf Englisch erklärte, diese Waffen müßten mit dem Kommando an Bord der zu entführenden Maschine. Abu Hani bitte mich zu überlegen, wie das zu bewerkstelligen sei. Es gebe auf dem Flughafen, in dem das Kommando an Bord gehen solle, altertümliche, aber funktionierende Gepäckdurchleuchtungsgeräte.

Ich war verwundert, denn ich hatte eigentlich gedacht, daß die Palästinenser längst eine Technik gegen die Durchleuchtungsgeräte gefunden hätten. Wie ich aber jetzt erfuhr, hatten sie bei ihren letzten Flugzeugentführungen immer nach Zugangsflughäfen gesucht, die über keine moderne Überprüfungstechnik verfügten. Abu Hani sortierte die Waffen zu zwei Haufen, der Sprengstoff und die Makarovs zum einen, die MPs und Handgranaten zum zweiten. Für die Pistolen und den Sprengstoff gebe es eine bewährte Methode, sie an Bord zu bringen. Die habe noch nie versagt, darüber solle ich mir also keine Gedanken machen. Er nahm eine der Handgranaten vom Tisch, schien sie prüfend zu wiegen, stellte sie dann zurück, griff zu einer der Mini-MPs, öffnete ihren Verschluß, zog das Magazin heraus und steckte es zurück. Diese großen Gerätschaften seien das Problem, teilte er mir über Susu mit. Es stünden das Handgepäck, die Koffer, wenn nötig auch zusätzliche Behältnisse wie Kamerakoffer mit Inhalt, Reiseschreibmaschinen oder Kofferradios zur Verfügung, um diese Waffen, im Ganzen oder zerlegt, an Bord zu schmuggeln. Er habe sich überlegt, die Lösung dieses Problems Samy und mir anzuvertrauen. Samy habe nachts jederzeit Zugang zum Bagdader Flughafen und könne mit mir an den dortigen Durchleuchtungsgeräten überprüfen, ob funktionieren würde, auf was immer wir kämen.

So erstaunt ich war, daß ein so grundlegendes Problem der Aktion noch nicht gelöst war, so sehr fühlte ich mich auch geschmeichelt, daß Old Man überzeugt zu sein schien, mir würde schon etwas dazu einfallen. Ich bat darum, eine MP und eine Handgranate mitnehmen zu können, um damit zu experimentieren.

Samy brachte mich nach dem Treffen nicht zurück ins große Haus, sondern fuhr mit mir zu sich. Wie sich zeigte, hatte er sich in zwei Räumen eine Werkstatt eingerichtet, in der von der Kleindrehbank bis zum Autogen-Schweißgerät nichts fehlte. Es gab in einer Art begehbarem Wandschrank eine umfangreiche Sammlung von Koffern, Handtaschen, Beauty-Cases und Aktenkoffern, die mich darauf brachten, daß Samy vermutlich der Fachmann für Verpackungsfragen war.

Er nahm die mitgebrachten Waffen und betrachtete sie nachdenklich, legte schließlich die MP auf die Werkbank und hielt mir die Handgranate hin. »Sehr groß, der Mantel wird nicht kleiner, auch wenn du den Zünder abschraubst. Zur Tarnung einbauen in etwas Metallisches funktioniert nicht, diese Form erkennt jeder.«

Auf Anhieb fiel mir dazu nichts ein. Es war eine sogenannte Pineapple-Granate, mit Sollbruchkerben für die Splitterung im Granatmantel, eine Handvoll Metall, die jeder Detektor anzeigen und jedes Röntgengerät sofort sichtbar machen würde.

Mehr beiläufig fragte ich, ob die dazu dienen sollten, eine eventuelle Erstürmung der Maschine abzuwehren, oder warum sie sonst unbedingt mit an Bord müßten.

Samy verneinte. Gegen eine Erstürmung würde ihr Einsatz kaum helfen, denn die Splitter würden zwischen Freund und Feind nicht unterscheiden. Eigentlich seien die Granaten nur eine Drohung und eine Rückversicherung gegen Überraschungsattacken. Sie würden von den Entführern deutlich sichtbar mit ausgestreckten Armen und abgezogener Zündsicherung getragen. Wenn jemand einen der Entführer angriff, brauchte dieser nur die Handgranate loslassen, und das Flugzeug würde explodieren. Auf diese ultimative Drohung mit der Vernichtung aller kam es an. Sie hielt selbst ausgebildete Sicherheitsleute davon ab, einen solchen Angriff überhaupt zu versuchen.

Ich verstand. Und hatte plötzlich eine Idee. »Wenn die nur zum Drohen dienen, dann müssen die doch nur so aussehen als ob. Wir könnten die Metallhülle abformen und dann in Kunststoff nachgießen, grün anmalen und fertig. Die Zünder sind ja nicht groß, die können wir zum Beispiel in ein Radio einbauen.«

Samy überlegte kurz, nickte dann zustimmend. Ihm fiel ein, daß es einen Kunststoff gab, der aus kleinen bunten Körnern bestand, die man im Backofen zu einer Flüssigkeit schmelzen und dann in beliebige Formen gießen und wieder aushärten lassen konnte. Eigentlich ein Spielzeug für Kinder, aber für unsere Zwecke gerade richtig und – nicht unwichtig – in Bagdad auch zu bekommen.

Über das Problem, wie die beiden MPs verstaut werden könnten, grübelten wir bis zum Abend, ohne daß uns etwas einfiel. Samy schlug vor, mich erst einmal zurück zum großen Haus zu bringen und in der Nacht wieder abzuholen, um mit mir zum Flughafen zu fahren. Er wollte dort eine Art Vorführung arrangieren, damit wir uns den technischen Ablauf und die genaue Vorgehensweise beim Durchleuchten einmal anschauen könnten, vielleicht würde uns dann etwas einfallen.

Es war gegen zwei Uhr in der Nacht, als wir mit Samys Wagen an einem Seiteneingang des Vorfeldbereichs vorfuhren. Ein müder irakischer Soldat erwartete uns, um uns durch lange, bunkerartige Gänge, kreuz und quer über mehrere Ebenen, bis hinein in die Ankunftshalle des Flughafens zu eskortieren. Das Deckenlicht in der großen Halle war gelöscht, nur die Notbeleuchtung verbreitete ein diffuses grünliches Licht.

An einem der Gepäckdurchleuchtungsterminals wartete ein nervöser und völlig verängstigter Techniker, der – von Samy barsch dazu angehalten – versuchte, in gestottertem Englisch zu erklären, wie der Vorgang der Durchleuchtung eines Koffers vonstatten ging.

Mir war bis dahin nicht bewußt gewesen, was es in einem Land wie dem Irak bedeutete, wenn jemand – wie es bei Samy der Fall war – einen Offiziersrang im Geheimdienst bekleidete. Der Soldat hatte Angst, der Techniker noch mehr, die ganze Atmosphäre, zumal in dieser nächtlichen leeren Riesenhalle, wurde so sehr bestimmt von dieser Angst, daß es mir schwerfiel, mich auf das zu konzentrieren, weshalb wir gekommen waren.

Der Techniker hatte einen größeren und einen kleineren Koffer mitgebracht, in die wahllos Kleidungsstücke und andere Gegenstände hineingeworfen worden waren. Er stellte sie nacheinander vorn auf das Band des Geräts, ging dann mit uns zum Monitor und ließ sie einmal zur Demonstration durchlaufen. Auf Samys Aufforderung hin wiederholte er den Vorgang noch einmal langsam.

Auf dem Monitor war in Schwarz-Weiß, teils deutlich, teils eher schemenhaft, der Kofferinhalt zu erkennen. Alle Metallgegenstände traten als weiße, sehr scharfe Umrisse hervor, Papier, Karton und Stoffe hingegen waren nur undeutlich abgebildet, Flüssigkeiten gar nicht zu erkennen. Es war interessant, das einmal so zu sehen und es sich erklären zu lassen, aber etwas Neues fiel mir bei dieser Vorführung erst einmal nicht ein.

Zwischen Samy und dem Techniker entspann sich ein Gespräch, bei dem Samy nach ein paar Sätzen von sich aus ins Arabische fiel, was den Techniker sofort gesprächiger werden ließ. Ich ging noch einmal mit den beiden um die Maschine herum, schließlich blieben wir etwas ratlos dort stehen, wo die Koffer im Bauch des Durchleuchtungsgeräts verschwanden. Samy drückte die flexiblen Gummimatten beiseite, fuhr mit der Hand über den Rahmen des Geräts, über ein Warnschild ...

Wir sahen es beide, wir lasen es gleichzeitig, wir schauten uns an.

»Achtung! Unentwickelte Filme könnten belichtet werden. Fragen Sie nach Sicherheitsbeuteln.«

Samy fuhr herum, winkte den Techniker heran und fragte ihn, woraus diese Beutel bestünden. Dieser erklärte, daß sie mit einer dünnen Bleifolie ausgekleidet wären, die verhindern würde, daß die Röntgenstrahlen der Maschine sie versehentlich überbelichteten. Samy fragte, ob von diesen Beuteln einige zur Hand seien, woraufhin ihm der Techniker aus einem Schränkchen ein Dutzend davon holte.

Schon auf dem Rückweg in die Stadt begann ich, die von einer äußeren und einer inneren derben Papierhülle gefaßten Bleifolienbeutel auseinander zu lösen. Aufgefaltet könnten wir die zerlegten MP-Teile in sie einwickeln und ihnen so die harten Konturen nehmen. Wenn wir dann noch in einen Beauty-Case einen doppelten Boden installieren und darüber einiges aus Metall plazieren würden, ein Maniküre-Set und einen Reisefön zum Beispiel, würden die matten Umrisse darunter einfach überlagert.

Noch in der gleichen Nacht fertigten wir das Köfferchen, in dem die zerlegten MPs transportiert werden konnten. Einen Tag später, als ich zusammen mit Rosa im Office war, zeigte mir Abu Hani zwei Handgranaten, die auf den ersten Blick aussahen wie echt. Erst als ich sie in der Hand hielt, war klar, daß sie nicht aus Metall sein konnten, dafür waren sie viel zu leicht.

Old Man nahm sie mir wieder ab, warf sie abwechselnd wie Jonglierbälle in die Luft. Er kam mir vor wie ein kleiner Junge, so hatte ich ihn noch nie erlebt. Aber dieser Moment von Zwanglosigkeit war auch schon wieder vorbei, als Rosa und ich uns noch verwundert ansahen.

Abu Hani hatte uns nicht wegen der Handgranaten kommen lassen. Er wollte uns seinen Entwurf für die Kommandoerklärung zum Lesen geben und mit uns über den Inhalt diskutieren.

Wir steckten unsere Köpfe zusammen und begannen zu lesen. Die Erklärung war in Englisch verfaßt und begann damit, daß sich das palästinensische Kommando mit den Zielen des Kommandos Siegfried Hausner der RAF solidarisch erklärte. Dieser Einleitung folgten Bekenntnisse zum Internationalismus, zum Anti-Imperialismus und zum Anti-Zionismus. Dann kam eine Passage, an deren Beginn fast wörtlich die Forderungen aus unserer ersten Kommandoerklärung übernommen worden waren. Aber dann folgten weitere, neue Forderungen.

Rosa tippte auf das Blatt und sah mich an. »Hast du das gelesen ...?«

Ich las gerade, um sicherzugehen, das Geschriebene auch richtig verstanden zu haben, zum zweiten Mal, was da stand. Das palästinensische Kommando verlangte als Zeichen des guten Willens von der Bundesregierung vorab die Übergabe eines Millionenbetrages. Die Modalitäten, wie dies vonstatten zu gehen habe, würden der Bundesregierung auf anderem Weg bekanntgegeben. Außerdem verlangten die Palästinenser, daß zwei ihrer in der Türkei inhaftierten Leute freizulassen wären. Es hieß da, daß sich die türkische Regierung, von der deutschen dazu aufgefordert, einer entsprechenden Bitte bestimmt nicht verweigern würde.

Ich konnte aus Rosas Zügen erkennen, daß sie mit diesen Forderungen keinesfalls einverstanden war. Abu Hani, der in der Zwischenzeit leise mit Susu geredet hatte, unterbrach, als Rosa ohne Umschweife beschwörend auf ihn einzureden begann.

»Also so geht das nicht, auf gar keinen Fall. Das ist eine politische Aktion, das ist die erste gemeinsame politische Aktion einer Befreiungsbewegung der dritten Welt mit der europäischen Stadtguerilla, das hat eine internationale Dimension! Wenn man das so vermischt, wie es da steht, entwertet man doch die ganze politische Botschaft!«

Susu, die sonst eigentlich nur Details zu übersetzen pflegte, hatte – alarmiert durch Tonfall und Lautstärke – hastig begonnen, das Gesprochene ins Arabische zu übertragen, sich dabei aber offenbar verheddert. Abu Hani war von Rosas Reaktion so überrascht, daß eine sehr ungute Stille eintrat, bevor er völlig die Fassung verlor und loszubrüllen begann.

»Was soll das? Sind wir gleichberechtigte Partner in dieser Aktion, oder bestimmt ihr das Ziel und die Forderungen und erlaubt uns großzügig, dafür die Leben unserer Kämpfer aufs Spiel zu setzen? Wir sind, genau wie ihr, nur eine kleine Gruppe, und wir sind uns nicht zu fein, den Imperialisten bei jeder Gelegenheit jeden nur möglichen Dollar abzunehmen, den wir kriegen können. Meine revolutionäre Moral verbietet es mir jedenfalls nicht, eine große Geldsumme zu erpressen und dafür zu sorgen, daß wir handlungsfähig bleiben. Was du eben gesagt hast und wie du es gesagt hast, war eine Beleidigung. Ich lasse euch jetzt einen Augenblick allein, damit ihr euch besprechen könnt, ob ihr wollt, daß diese Aktion durchgeführt wird oder nicht. Von unseren Forderungen wird es keine Abstriche geben!«

Er war rot im Gesicht, seine Wut noch nicht abgeklungen. Als er aufstand, nahm er den Stapel Unterlagen vor sich auf und knallte sie auf die Schreibtischplatte. Dann verließ er hastig den Raum, gefolgt von Susu, die uns einen schnellen und meinem Empfinden nach bittenden Blick zuwarf, bevor die Tür mit einem Knall ins Schloß fiel.

Ich war völlig verdattert. Rosa war aufgestanden und ging mit schnellen Schritten hin und her.

»Er kann brüllen und rumknallen, womit er will, diese Forderung denunziert die ganze Aktion. Wir sind doch keine schachernden Krämer ... dürfen es außer den Gefangenen vielleicht noch ein paar Millionen mehr sein? Und dann dieser Abgang, was denkt er sich eigentlich, daß wir ohne Diskussion einfach willig tun, was er für richtig hält?«

Ohne daß ich hätte begründen können, was mich so sicher machte, wußte ich doch, während sie sprach, daß sie in Gedanken schon auf der Suche nach einer Möglichkeit zum Einlenken ohne großen Gesichtsverlust war. Wir hatten eingewilligt, daß es eine Flugzeugentführung geben würde, obwohl wir gegen diese Aktionsform waren, und wir würden einwilligen, daß eine Geldforderung gestellt werden würde. Ich behielt jedoch meine Einschätzung für mich.

Rosa beendete ihr Hin und Her abrupt. »Und wenn schon eine Geldforderung, dann müssen wenigstens die Proportionen stimmen. 2 Millionen Dollar, das ist popelig, 20 Millionen, na ja, das hätte wenigstens ein eigenes Gewicht ...«

Ich war froh, daß sie mehr mit sich selbst zu verhandeln schien, als in Erwägung zu ziehen, mich nach meiner Meinung zu fragen. Diese Kehrtwende verblüffte mich mindestens so sehr wie die Schnelligkeit, mit der sie sich vollzog. Daß ich anwesend war, gewann für Rosa offenbar erst wieder an Bedeutung, als sie zu einem Entschluß gekommen war.

»Geh doch bitte und hol den Alten zurück. Sag irgendwas, daß ich mich für meinen Tonfall vorhin entschuldige, noch mal nachgedacht hätte und ihm einen Vorschlag machen möchte, na ja, eben etwas, was ihn wieder runterholt ...«

Ich ging hinaus. Abu Hani saß neben Susu auf einer Holzbank im langgezogenen Flur. Er lächelte, war wieder von der gewohnten Freundlichkeit und nahm mir die Peinlichkeit der ersten Sätze.

»Es tut mir leid, mein Freund, daß ich die Beherrschung verloren habe. Wir sind alle überreizt, was ja auch verständlich ist, wenn in so kurzer Zeit so viel getan werden muß. Laßt uns reden, in Ruhe und ohne Druck, dann werden wir bestimmt die letzten Hindernisse gemeinsam überwinden, ich bin mir sicher!«

Ich erwiderte sinngemäß, daß wir zur selben Einsicht gekommen wären wie er und einer Fortsetzung des Gesprächs auf einer Ebene wechselseitigen Respekts von uns aus nichts im Wege stehe.

Weniger als zwei Stunden später hatten Abu Hani und Rosa die Erklärung aufgesetzt. Es gab noch ein paar kleinere Differenzen, aber beide waren bemüht, daraus keinen neuen Affront erwachsen zu lassen. Susu und mir kamen bei diesem Prozeß nur Statistenrollen zu, wir wurden höchstens dazu befragt, ob diese oder jene Formulierung besser sei.

Bei mir hatte diese Auseinandersetzung lediglich vertieft, was schon vor unserem Abflug aus Brüssel begonnen hatte. Es hatte sich langsam aber unaufhaltsam ein Riß gebildet. Ich tat nach außen alles, von dem ich dachte, daß es die Aktion zur Befreiung der Gefangenen doch noch zu dem gewünschten Ende führen könnte. Ich kritisierte und griff jeden an, der mir das Gefühl vermittelte, er oder sie würden nicht mehr zu einhundert Prozent hinter diesem Ziel stehen. Aber aus vielen Zweifeln heraus hatte sich inzwischen in mir das Gefühl verdichtet, daß diese Aktion bereits gescheitert war. Dieses Gefühl ließ sich kaum noch verdrängen, und die Auseinandersetzung zwischen dem Alten und Rosa hatte den Zwiespalt weiter wachsen lassen.

Während uns Samy zum großen Haus zurückbrachte, überlegte ich zum ersten Mal ernsthaft, was ich tun könnte, tun wollte, tun mußte, wenn es so käme. Aber wie schon oft zuvor war da auch die Angst, aus der Gruppe herauszufallen. Es gab dieses unausgesprochene Tabu, das mich wie vermutlich etliche andere daran hinderte, grundsätzliche Zweifel zuzulassen oder gar laut zu formulieren. Der Druck in unserem Nacken wurde nur von einer dünnen Begründungsdecke gehalten, jedes offene Fragen barg die Gefahr, davongespült zu werden und in der Vereinzelung und Zusammenhanglosigkeit zu enden.

Vielleicht erklärt es sich so, daß wir auch nach der Rückkehr ins Haus nicht mehr über die Ereignisse im Office redeten. Als wenn nichts gewesen wäre, begannen wir die Planung für die kommenden Tage zu besprechen, angefangen mit der Frage, wie die heute verfaßte Erklärung zum Kommando nach Brüssel gelangen und die für eine zusätzliche Geldübergabe notwendigen Absprachen schnell getroffen werden könnten.

NAH UND FERN

Karl und Bernhard waren am frühen Morgen mit einer Iraqui-Airways-Maschine direkt von Brüssel nach Bagdad geflogen. Normalerweise hätten wir niemals einen so gefährlichen Direktflug gewählt. In der Zeit der Hochfahndung mußten wir davon ausgehen, daß Direktflüge von den Geheimdiensten erfaßt wurden. Deswegen versuchten wir zu vermeiden, aus Städten abzufliegen, in denen wir konspirative Wohnungen angemietet hatten. Außerdem legten wir immer in einem der Ostblock-Länder einen Zwischenstopp ein, in der Regel verbunden mit einem Identitätswechsel und neuen Tickets einer anderen Fluglinie zum eigentlichen Reiseziel. Aber es war unvermeidlich geworden, dieses Risiko ausnahmsweise einzugehen, denn durch die von Abu Hani durchgesetzte Gelderpressung waren neue Absprachen wegen der Übergabemodalitäten notwendig, die sowohl wegen ihres Umfangs wie auch aus Sicherheitserwägungen nicht über Fernschreiben und Telefon vereinbart werden konnten.

Die Übergabemodalitäten für das Lösegeld waren deshalb so kompliziert, weil wir so sicher wie möglich an das Geld kommen wollten und ohne daß selbst für Geheimdienste erkennbar sein sollte, wie das Geld in unsere Hände gelangte. Es war geplant, daß Eberhard Schleyer, ein Sohn der Geisel, mit dem Koffer voll Geld von Frankfurt via Paris mit Stopps in einer ganzen Reihe von, was man heute »Schurkenstaaten« nennt, nach Hanoi fliegen sollte. Irgendwo unterwegs sollte der Geldkoffer ausgetauscht werden. Dies zu organisieren erforderte die direkte Kommunikation trotz aller Gefahr.

Karl und Bernhard waren zur Minimierung dieses Risikos mit den saubersten Pässen ausgestattet worden, die wir im Vorrat hatten, sogenannten Komplettdubletten. Ihre Pässe gab es zweimal, alle eingetragenen Daten und auch die Paßnummern stimmten mit wirklich in Dänemark und Holland ausgegebenen Originalpässen überein. Mit dem Ausstellen dieser raren Papiere gingen wir sehr knauserig um, sie waren für Notsituationen und außergewöhnliche Umstände reserviert.

Karin war aus der Bewachung Schleyers rausgeflogen: Trotz der Brisanz dessen, was wir mit den Gästen aus Brüssel zu besprechen hatten, war das die wichtigste Neuigkeit, die Karl und Bernhard uns unmittelbar nach ihrer Ankunft mitzuteilen hatten. Es war nicht das Wichtigste, was inzwischen im und um das Kommando passiert war. Aber es war gerade erst passiert, unmittelbar vor der nicht ungefährlichen Reise der beiden.

Da Rosa nicht da war, verzichteten wir erst einmal darauf, mehr über Karins Rauswurf in Erfahrung zu bringen, und fragten nach anderen Neuigkeiten aus Europa. Die hatten es in sich: In Brüssel hatte das Kommando beschlossen, die Verhandlungen über den Austausch der Gefangenen gegen den Arbeitgeberpräsidenten vorläufig abzubrechen. Es war überdeutlich geworden, daß die einzige Absicht, die die Regierung mit diesen Verhandlungen verfolgte, darin bestand, Zeit für weitere Fahndungsmaßnahmen herauszuschinden und die Gruppe dazu zu verleiten, beim ständigen Austausch von Botschaften, Lebenszeichen und Stellungnahmen Fehler zu machen. Die Regierung wollte eine militärische Lösung, sie nahm offensichtlich den Tod der Geisel in Kauf.

Es gab niemanden in Bagdad, der dieser Einschätzung – so niederschmetternd sie auch war – hätte widersprechen können.

In Brüssel war man davon überzeugt, für eine geraume Zeit abtauchen und dem Fahndungsdruck standhalten zu können. Die Aktivitäten in Deutschland waren inzwischen auf Null zurückgeschraubt, und auch in den europäischen Nachbarländern wurde nur noch die Sicherung der eigenen Infrastruktur betrieben. Der Brüsseler »Bunker« würde noch mindestens einen Monat sicher sein, dann gäbe es die Möglichkeit, in eine Stadt in Nordfrankreich auszuweichen.

Wir saßen auf dem Dach unseres Hauses in Bagdad, als die beiden uns die Entwicklung der letzten zwei Wochen aus Brüsseler Sicht schilderten. Es war inzwischen früher Vormittag, und es begann sehr schnell so heiß zu werden, daß wir uns ins Haus zurückziehen mußten. Karl und Bernhard waren noch immer völlig aufgedreht. Obwohl sie seit über vierundzwanzig Stunden auf den Beinen waren, trugen sie unverdrossen Punkt für Punkt dessen vor, was ihnen die Brüsseler Kollegen aufgetragen hatten.

Rosa und ich hatten uns vorher darüber gestritten, ob wir die beiden nicht zuerst ins Bett schicken und später ausgeschlafen berichten lassen sollten. Das hätte noch dazu den Vorteil gehabt, daß dann Rosa vom Treffen mit Abu Hani zurück gewesen wäre und man das Ganze nicht zweimal hätte rekapitulieren müssen. Aber Rosa hatte die Situation realistischer eingeschätzt, daß weder wir uns mit unseren Fragen zurückhalten könnten noch die zwei Neuankömmlinge ohne ihren Rapport Schlaf finden würden. So hatten wir bereits die meisten Neuigkeiten aus Europa erfahren, als der Jeep der Palästinenser vorfuhr und Rosa von einem Treffen zurückbrachte.

Sie begrüßte kurz Karl und Bernhard, die sofort wieder auf Karins Rauswurf zu sprechen kommen wollten, aber Rosa konnte nicht länger mit dem zurückhalten, was Inhalt ihres Gesprächs mit dem Palästinenserführer gewesen war. »Es wird, wie Karl ja bereits weiß, eine Entlastungsoperation der Palästinenser für uns geben. Sie sind bereit, diese Aktion sofort durchzuführen, um den Druck auf Schmidt so zu verstärken, daß er nachgeben muß. Die Aktion wird aus der Entführung einer LH-Maschine bestehen und zwei Teile haben, zuerst eine Geldübergabe als Signal, daß Schmidt zum Austausch bereit ist, dann den Austausch der Gefangenen gegen die Flugzeugpassagiere.«

Rosa wurde von Karl und Bernhard mit Fragen eingedeckt. »Wieso zwei Teile, und was soll das mit der Geldübergabe ...? Wie schnell werden sie die Kiste auf die Reihe kriegen, haben sie da schon ein Datum genannt? Müssen wir bei der Aktion irgendwas tun, oder organisieren sie es komplett allein?«

Rosa realisierte offenbar erst in diesem Augenblick, daß alle in Bagdad anwesenden Gruppenmitglieder noch in der Runde saßen und sie sich hatte verleiten lassen, weit mehr preiszugeben, als nötig gewesen wäre. »Langsam, langsam. Erst mal geht diese Geschichte nur Karl und Bernhard etwas an, denn der Vorschlag der Palästinenser erfordert ein ziemlich präzises Timing, und davon wird vor allem das Kommando in Brüssel betroffen sein. Über alles Bisherige wird mit niemandem sonst geredet, auch nicht mit den Palästinensern! Was den genauen Ablauf der Entlastungsaktion angeht, müssen das nicht alle wissen, das betrifft in erster Linie die beiden, denn die müssen sofort wieder zurückfliegen und alles mit dem Kommando koordinieren.«

Christine, die etwas abseits der Runde auf einem Campinghocker saß, wollte nicht einsehen, daß sie von diesen Informationen nichts erfahren sollte. »Mit wem sollten wir schon darüber reden? Wir treffen niemanden, wir gehen kaum aus dem Haus, und reden tun wir nicht einmal miteinander richtig.«

»Über den Leerlauf hier werden wir uns später sowieso noch unterhalten müssen, damit wird es jetzt sicherlich auch ein Ende haben!« Rosa hatte es eilig und fertigte Christine barsch ab. »Wenn diese Sache richtig ins Laufen kommt, wird es für alle genug zu tun geben, das ist sicher.«

Aber Christine war noch immer nicht bereit, das Feld ohne weiteres zu räumen. »Und wer bestimmt jetzt nach welchen Kriterien, wer hier was wann wissen darf?«

Rosa stand auf, ging ein paar Schritte in Richtung Christine und stemmte dabei die Arme in die Hüften. »Findest du, daß das jetzt der richtige Zeitpunkt ist, deine Profilneurose ins Spiel zu bringen? Du weißt, was Kommandostruktur bedeutet, oder? Gehörst du zu dem Kommando, das diese Aktion durchführt? Warum solltest du eine Info vor den Leuten bekommen, die gerade in Europa ihren Arsch hinhalten, damit die Befreiung der Gefangenen vielleicht doch noch gelingt? Die Palästinenser haben eine Aktion vorbereitet, die sie in kürzester Zeit durchführen werden. Die Aktion hat Vor- und Nachteile, die gilt es abzuwägen und vor allem diese Sache genau zu planen und vorzubereiten. Du sitzt hier in Bagdad trocken und sicher, du wirst nicht zurückfliegen und es den Brüsselern erklären müssen, und du wirst auch nicht diejenige sein, die einen Fehler ausbaden muß, wenn wir jetzt etwas übersehen! Woher also dein plötzlicher Info-Hunger? Außer natürlich, um deine Neugierde zu stillen!«

Christine saß mit einem großen Ausrufezeichen im Gesicht auf ihrem Hocker. Vielleicht hatte sie zu Beginn von Rosas Vortrag noch in Erwägung gezogen, ihre Position zu verteidigen, aber das hatte sie wohl nach den ersten Sätzen aufgegeben. Sie stand auf und ging wortlos aus dem Raum. Das war auch das Signal für alle anderen Anwesenden, Rosa mit Karl und Bernhard allein zu lassen. Als auch ich aufstehen und gehen wollte – schließlich war ich bei diesem Gespräch mit Abu Hani nicht dabeigewesen –, hielt Rosa mich zurück.

»Du mußt dabeibleiben. Es gibt eine Reihe von technischen Details zu klären, bei denen ich nicht durchblicke.«

Ich zuckte mit den Schultern und blieb sitzen. Im Gegensatz zu Christine, die sich hatte überwinden müssen zu gehen, hatte ich nicht das dringende Bedürfnis, an diesem Briefing beteiligt zu werden. Seit dem Beginn der Entführung und seit unserem letzten gemeinsamen Termin bei Abu Hani war bei mir eine Desillusionierung eingetreten, die auch bewirkt hatte, daß ich mich nicht mehr bei jeder Möglichkeit, an etwas teilzuhaben, nach vorn drängte.

Karl und Bernhard waren wie unter Hochspannung. Für sie war all das, was sie in den wenigen Stunden seit dem Touchdown ihrer Maschine auf den Flughafen Bagdads erlebt hatten, die Praxis zur Theorie gewesen. Sie hatten auch vorher gewußt, daß es Länder und Gruppen gab, die uns aktiv unterstützten. Was das aber faktisch bedeutete, hatten sie jetzt zum ersten Mal miterlebt. Sie waren vom irakischen Geheimdienst unauffällig an allen anderen Passagieren des Flugs vorbeigeschleust worden, dann hatte sie der Sicherheitsbeauftragte der Palästinenser in Empfang genommen und aus dem Flughafen heraus und zu uns gebracht. Und jetzt die Details der Unterstützungsaktion. Genug Eindrücke, um noch immer hell wach und aufgeregt zu sein.

Auch Rosa schien zu spüren, daß es taktisch geschickt sein könnte, die beiden auf den Boden zurückzuholen. »Habe ich das vorhin beim Hereinkommen richtig verstanden, Karin ist aus der Bewachung rausgeflogen?«

Karl war mit dieser Wendung im Gespräch zuerst nicht einverstanden, begann aber zu berichten. »Rausgeflogen, so würde ich's nicht formulieren. Sie haben sie aus der Bewachung rausgenommen, weil sie ihr Verhältnis zu Spindy nicht mehr im Griff hatte. Das hat sie eigentlich auch sofort eingesehen. Sie hat irgendwann bei der Nachtwache angefangen, Monopoly mit ihm zu spielen.«

Rosa mußte laut auflachen. Sie kannte Karin gut und schien sich durchaus vorstellen zu können, daß Karin auf so eine Idee kommen könnte. »Ausgerechnet Monopoly – und das mit dem größten Experten für organisierte Raffgier, den das deutsche Wirtschaftsleben zu bieten hat! Laß mich raten. Sie hat ständig verloren und kam damit einfach nicht zurecht? Hat er sie beim Mogeln erwischt?«

Rosa steigerte sich von einem Satz zum nächsten in immer heftigeres Gelächter. Aber das schien auf Bernhard und Karl wenig ansteckend zu wirken, die beiden sahen immer verlegener aus. Schließlich stoppte Karl Rosas Heiterkeitsausbruch.

»Ganz so harmlos war es nicht. Sie hat etliche Nachtwachen mit ihm durchgespielt, von Verhören oder Infogesprächen war keine Rede mehr. Die anderen hatten den Eindruck, daß nicht mehr viel gefehlt hätte, und Spindy hätte sie eingewickelt. Der Typ hat verstanden, bei ihr irgendwelche Widersprüche zu buttern, und hat sie über die Spielsituation langsam dazu gebracht, sich mehr mit ihm als mit dem Kommando und ihrer Aufgabe zu identifizieren.«

Rosa war schlagartig ruhig geworden. Das waren harte Anschuldigungen, und ihr war klar, welche Konsequenzen das für Karin gehabt haben dürfte. »Und woran haben die das festgemacht? Ich meine, was konkret hat sie getan, außer die Nächte mit ihm durchzuspielen?«

Bernhard nahm es Karl ab, auf Rosas Frage zu antworten: »Na ja, Karl hat irgendwann mal nicht pennen können und sich gedacht, dann setzt er sich eben zu Karin und guckt mal, wie es mit Spindy und ihr so läuft. Als er reinkam, war das halbe Zimmer mit dem Spielplan und den Zetteln belegt, weil Spindy die Spielregeln etwas erweitert hatte und die beiden die Gründung von Holdings oder was weiß ich miteinander vereinbart hatten. Karins Waffe lag hinter ihr auf dem Bett herum, und sie war so sehr mit Würfeln, Hotels kaufen und dem Abstoßen von Anteilen beschäftigt, daß sie nicht mal mitgekriegt hat, wie Karl das Zimmer betreten hatte. Karl hat dann die übrigen geweckt, und Karin ist abgelöst worden. Sie haben sie ziemlich ins Gebet genommen, und dabei kam heraus, daß sie mit Spindy inzwischen darüber gesprochen hatte, eine Botschaft an seine Familie an den anderen vorbei zu schmuggeln und auf den Weg zu bringen! Okay, gemacht hat sie's nicht, aber erzählt eben auch nicht!«

Rosa war fassungslos. »Das gibt es nicht! Ist die Frau denn völlig verrückt geworden? Was hat sie dazu gesagt, wie hat sie das erklärt?«

Es schien Bernhard wie Karl mehr als unangenehm zu sein, die Details dieser Geschichte mitteilen zu müssen. »Mitleid, Vertraulichkeit ... Spindy kann man noch nicht mal 'nen Vorwurf machen, daß er's versucht hat. Sie hat es ihm ja geradezu angeboten, so unklar und irreal, wie sie sich ihm gegenüber verhalten hat. Das irrste ist ja, daß er noch nicht mal groß betteln mußte. Karin hat zugegeben, daß sie ihn irgendwann gefragt hat, ob es etwas gäbe, was er sich mehr als alles andere wünschen würde. Na, da hat er die Gelegenheit genutzt, noch mal kräftig auf die Tränendrüse zu drücken, von wegen, keine Möglichkeit der Familie mal was Vertrauliches mitzuteilen, was nicht über alle Fernsehkanäle ginge und so. Und sie ist drauf eingestiegen, nur mal so, rein theoretisch.«

Rosa schüttelte den Kopf. Sie schien sich noch immer nicht vorstellen zu können, daß Karin so gehandelt hatte. Sie wäre jetzt sicher gern dort gewesen, um mit ihr darüber zu reden. Aber das würde voraussichtlich noch eine geraume Weile nicht möglich sein. »Und haben die übrigen sich danach Spindy zur Brust genommen und ihm klargemacht, daß er so etwas nie wieder versuchen soll?«

Karl lächelte gequält. »Haben sie. Ich war sogar dabei, denn ich bin für Karin in die Bewachung nachgerutscht. Er hat erst gar nicht verstehen wollen, wovon wir reden. Aber Karl hat es für ihn dann auf den Punkt gebracht. Er hat ihn aufgefordert zu versprechen, keinen Versuch mehr zu unternehmen, etwas am Kommando vorbei nach draußen zu schmuggeln, weil das sonst ernsthaft Konsequenzen für ihn haben würde.«

»Wie hat er reagiert?«

»Zumindest anders, als wir es erwartet hatten. Er hat zurückgefragt, ob wir eine ehrliche Antwort wollen. Natürlich wollten wir –

und da hat er dann gesagt, daß er das nicht versprechen könne und werde. Er sei in Gefangenschaft und vom Tode bedroht, und er werde selbstverständlich jede Möglichkeit ausnutzen, um dieser Situation zu entkommen oder sie doch, wo immer möglich, zu unterlaufen.«

Rosa lehnte sich zurück. »Na, das war doch mal ein offenes Wort. Ist auch blöde, einem in Spindys Situation das Ehrenwort abnehmen zu wollen, nichts gegen unseren Willen zu tun.«

Karl wirkte unsicher, wie immer, wenn es unangenehm wurde und er nicht einschätzen konnte, welche Mehrheiten für welche Meinung es geben würde. »Das haben wir hinterher auch überlegt. Ist natürlich unser Job aufzupassen, damit solche Situationen gar nicht erst zustande kommen. Hätte schon nicht sein dürfen, daß Karin über 'ne Woche die einzige ist, die bestimmte Nachtwachen übernimmt. Da haben wir Scheiße gebaut, kam uns aus Bequemlichkeit gelegen, schon klar!«

Für einen Moment schwiegen alle. Dann ergriff Rosa die Initiative und kam zum Wesentlichen. »Was das Angebot der Palästinenser angeht, werdet ihr euch einiges verschlüsselt notieren müssen. Das ist natürlich alles brandheiß. Je mehr ihr euch also merken könnt, um so besser. Wir müssen binnen drei Tagen nach eurer Rückkehr die Geldübergabegeschichte koordiniert kriegen, danach wird die Sache sofort losgehen.«

EINE NACHRICHT IM DEUTSCHLANDFUNK

Wer wochenlang nur in unregelmäßigen Intervallen und dabei immer zu wenig schläft, erreicht einen Zustand, in dem überreizte Wachheit im schnelleren Wechsel abgestumpfter Müdigkeit folgt. Sowohl Rosa wie auch mir war das inzwischen so deutlich anzusehen, daß die anderen im großen Haus sich häufiger besorgt nach unserem Wohlergehen erkundigten.

Unter uns beiden hatte es kaum längere Diskussionen gegeben. Ohne sich mit mir vorher abzustimmen, hatte Rosa gestern alle darüber informiert, daß eine Unterstützungsaktion der Palästinenser für uns unmittelbar bevorstand. Diese Eröffnung löste, wie kaum anders zu erwarten, eine Flut von Fragen aus.

Da Rosa diese Situation provoziert hatte, hielt ich mich zurück und überließ es ihr, den anderen das Wie und Warum zu erklären. Ich registrierte nur etwas erstaunt, daß eine Frage nicht gestellt wurde. Keiner wollte wissen, warum wir nicht alle gemeinsam über die Frage des Für und Wider der Aktion diskutiert hatten, keiner bemängelte, daß bereits die wesentlichen Entscheidungen gefallen waren.

So saßen wir also am Tag der Flugzeugentführung auf der Dachterrasse zusammen, redeten durcheinander, waren aufgeregt wie eine Schulklasse vor Ferienbeginn. Der große Weltempfänger war auf die Kurzwellenfrequenz des Deutschlandfunks eingestellt, der einzigen Frequenz, in der er halbwegs verständlich zu empfangen war.

Ernst, der dazu bestimmt worden war, ständig mitzuhören, schien mit der Lautsprechermembrane verwachsen zu sein. Von Zeit zu

Zeit, wenn das Geschnatter um ihn herum zu sehr anschwoll, machte er ein paar energische Auf- und Abbewegungen mit der Hand, die jedesmal zumindest so lange für Ruhe sorgten, bis sein »Nein, noch nichts ...« erneut alle aufgestaute Spannung in ein sprachliches Chaos entließ.

Wir wußten, wann die Maschine auf Mallorca starten sollte, wir wußten, daß das Kommando warten würde, bis die Stewardessen mit der Essensausgabe durch waren, um die Maschine genau zu dem Zeitpunkt zu übernehmen, wenn alle Passagiere ein Tablett vor dem Bauch hatten. So sah es jedenfalls die Planung vor. Was wir nicht wußten, war, wieviel Zeit vergehen würde, bis die Bodenkontrolle erfuhr, daß die Maschine von Entführern übernommen worden war und wie lange es danach brauchen würde, bis die Medien darüber eine Meldung brachten.

Wir saßen jetzt schon über zwei Stunden zusammen, ohne daß die angespannte Erwartung auch nur ein bißchen nachgelassen hätte.

Wieder ruderte Ernst mit den Armen, aber statt die gewohnten Worte zu sagen, begann er entnervt am Empfangsknopf zu drehen. »Scheiße, Scheiße, warum jetzt ...? Der Sender ist weg, 'ne Störung, Überlagerung, weiß auch nicht ...« Es sah aus, als würde sein Kopf jetzt endgültig im Geräteinneren verschwinden, während er mit gespreizten, spitzen Fingern so vorsichtig den Empfangsknopf bewegte, als würde er einen scharfen Zünder aus einer Bombe drehen. Dann kam er hoch, lehnte sich zurück und zuckte resigniert mit den Schultern. »Weg, einfach weg, nichts zu machen!«

»Und auf einer anderen Frequenz, die haben doch mehrere ...«

»Schon, aber die anderen sind alle noch schwerer zu kriegen. Vielleicht ... Wartet mal, ich probier mal was ...« Er drehte den Empfangsknopf, Rauschen, Pfeifen, Fetzen arabischer Musik, ein auf- und abschwellender Brummton, dann eine Stimme, klar, verständlich, in Englisch: »... just reported, that a German Airplane, coming from the Spanish Island of Mallorca, has been hijacked over France.«

Ein Moment völlige Stille. Dann ein Schrei und anschließend ein einziges infernalisches Aufbrüllen. Wir fielen uns in die Arme, Rosa küßte Ernst auf die Stirn, Eva schüttelte es, dann schluchzte sie immer stärker, um schließlich hemmungslos zu weinen. Christine saß da, schlug wieder und wieder mit den Händen auf ihre Oberschenkel, sagte immer nur: »Ja, ja, ja ...«

Der Rausch hielt an, diese Erlösung hatten wir gebraucht. Daß es Ernst irgendwann gelang, den Deutschlandfunk wiederzufinden, der ebenfalls seine nächste Nachrichtensendung mit der Eilmeldung über die Entführung der Lufthansa-Maschine »Landshut« begann, die vermutlich auf dem Weg nach Rom sei, unterbrach die kollektive Euphorie nur kurz.

Und dann passierte etwas, das den Überschwang noch einmal steigerte. Von der Straße vor dem Haus war anschwellendes Hupen zu hören, nicht eine einzelne Hupe, ein ganzes Hupkonzert. Wir liefen zum vorderen Teil der Terrasse und sahen drei, nein vier Pickups mit Palästinensern, angeführt von Samys Wagen, die rhythmisch hupend und mit seitlich aus den offenen Fenstern gestreckten Fäusten auf Dach- oder Türbleche klopfend vorgefahren kamen. Die Wagen waren noch nicht richtig zum Stillstand gekommen, als schon die ersten ihrer Insassen »Victory« brüllend, die Finger zum V-Zeichen in die Luft gestreckt und mit Pistolen und Kalaschnikows schwenkend den Weg zum Haus heraufgelaufen kamen.

Ich mußte lachen. Wie war das? Von wegen nicht auffallen, nicht in großen Gruppen kommen und gehen, sich leise und zurückgenommen verhalten? Vergessen für den Moment. Wir hatten es geschafft, nichts anderes war wichtig.

Rosa sah mich an, schien meine Gedanken zu lesen, knuffte mich in die Seite und meinte lachend: »Sieh's doch so: Sie schießen wenigstens nicht in die Luft!«

Unten fielen sich unsere Leute und die Palästinenser in die Arme, küßten sich, tanzten durch den Vorgarten. Samy, der als letzter und sehr viel ruhiger als die übrigen den Weg zum Haus heraufkam, wehrte lächelnd, aber bestimmt alle Versuche ab, ihn in den Tumult hineinzuziehen. Als er uns auf der Dachterrasse ausmachte, winkte er uns hinunter und schwenkte einen größeren Karton.

Als wir schließlich vor die Tür traten, klatschte Samy so energisch in die Hände, daß überraschenderweise wirklich alle innehielten. Samy begann auf Arabisch und an seine Leute gewandt, in feierlichem Ton und beinahe singend, eine kurze Ansprache, die er gleich danach für uns in Englisch wiederholte. »Meine Genossen, dieser Moment verdient es, gefeiert zu werden. Auch wenn wir in verschiedenen Ländern geboren wurden und nicht die gleiche Sprache sprechen, heute sind wir zu einer Kampfgemeinschaft zusammengewachsen. Wir werden siegen!«

Kaum war er fertig, begannen die Palästinenser zu klatschen, erst durcheinander, dann rhythmisch, dann begleitet von einem langsam lauter werdenden Sprechgesang. Samy kam auf Rosa und mich zu und übergab Rosa mit betonter Geste den Karton. »Mit besonderen Grüßen von Abu Hani, er wird später auch noch kommen ...«

Rosa schaute hilfesuchend zu mir, der Karton war in der Tat schwer. »Ich halte ihn, du machst ihn auf ...«

Rosa riß einen Klebestreifen auf, hob den Deckel hoch, sah hinein und lachte laut. Vorsichtig nahm sie eine Flasche heraus und stellte sie auf den Boden, dann noch eine zweite und eine dritte: Champagner.

Das einzige Zugeständnis an die sonst strikten Sicherheitsregeln bestand für die nächsten Stunden darin, daß wir die Feier ins Haus verlagerten. Es gab nur dann Pausen, wenn der deshalb immer wieder von allen Seiten gelobte Ernst mit einem lauten Schrei die neueste Nachrichtenmeldung ankündigte und lauter drehte.

Abu Hani kam, entgegen Samys Ankündigung, an diesem Abend nicht.

DAS ENDE BAHNT SICH AN

Die folgenden Tage und Nächte verbrachten wir alle im Umkreis des Radios, warteten gierig auf jede neue Meldung, verfolgten die Stationen der Entführung und des Fluges auf einer Karte und diskutierten über Betankung und Flugreichweiten. Auch ich war mir plötzlich wieder sicher, daß alles klappen würde, klappen mußte. Hatte ich wirklich gezweifelt? Noch heute abend lokaler Zeit würde die »Landshut« in Aden landen und die ganze Aktion zu einem Ende kommen. Schmidt würde nachgeben müssen, das sagten alle Pressestimmen, das dachte auch ich.

Waren wir übermütig, waren wir träge geworden, war auch die Freude Routine? Wir fanden es jedenfalls nicht beunruhigend, als in der BBC zu hören war, die jemenitische Staatsführung hätte angeordnet, die Landebahn des Flughafens Aden mit Lastwagen zu blockieren, um eine Landung der gekaperten Maschine unmöglich zu machen. Es gehörte zum Spiel, sich zu distanzieren, zu betonen, daß man selbstverständlich keinerlei Sympathien mit den Entführern habe und sie nicht unterstützen werde. Im letzten Augenblick und aus rein humanitären Erwägungen heraus würde man dann doch einlenken und die Maschine landen lassen. So kannten wir es von einigen anderen Entführungen, und nichts anderes erwarteten wir jetzt.

Noch bevor wir die Meldung über die Landung hörten, gab es allerdings eine Unterbrechung, die zumindest die Stimmung von Rosa und mir gründlich veränderte.

Samy kam und bedeutete, er wolle allein mit uns beiden sprechen. Wir gingen auf die obere Dachterrasse, gespannt, warum er so ernst aussah und was er zu berichten hatte.

»Es gab gerade ein Telefongespräch zwischen Abu Hani und Aden ...« Er unterbrach, suchte nach Worten, sah uns nicht an, »... und, ja, Abu Hani hat den Eindruck, daß dort etwas nicht stimmt. Habt ihr die BBC-Nachrichten gehört?«

»Du meinst wegen der angeblich abgeriegelten Landebahn? Ja, haben wir, aber das war doch bisher immer so oder so ähnlich.«

»Eben nicht wie immer. Das ist real. Die Landebahn ist laut Aden gepflastert mit Schützenpanzern, und unseren Mann haben sie schon auf der Straße vor dem Flughafen abgefangen und ihm ohne Begründung den Zugang mit vorgehaltenen Waffen verweigert.«

Wir wußten schlagartig, daß diese Neuigkeit wirklich nichts Gutes bedeuten konnte. »Unser Mann« war der Leiter der PFLP-Dependance in Aden, ein enger Freund des jemenitischen Innenministers, einer, der mit den Jemeniten zusammen gegen die englische Kolonialmacht gekämpft hatte und aufgrund dessen bei ihnen hoch angesehen war. Wenn sie ihn, der sonst ohne weiteres bis auf das Vorfeld marschieren konnte, ohne sich auch nur ausweisen zu müssen, nicht in den Flughafen ließen, konnte das nur bedeuten, daß sie die getroffenen Vereinbarungen über den Haufen werfen wollten.

»Sollen wir mit dir ins Office zu Abu Hani fahren? Gibt es zu Aden für das Kommando eine Ausweichmöglichkeit? Kann man nicht die Iraker bitten, bei den Jemeniten zu intervenieren? Hat Abu Hani schon mit den Leuten von der PLO gesprochen, ob die da nicht etwas machen können?«

Samy streckte angesichts des Fragenbombardements abwehrend die Arme aus. »Langsam, langsam. Zur Zeit können wir nur spekulieren, was sich da tut. Das Kommando hat Anweisung, auf jeden Fall in Aden runterzugehen, und das werden sie auch machen. Wir werden ja sehen, was die Jemeniten tun, wenn der letzte Tropfen Sprit aus dem Tank durch die Düsen ist. Abstürzen lassen über dem eigenen Staatsgebiet, und alle Passagiere, die Besatzung und das Kommando tot, das werden sie nicht wollen, das können sie sich nicht leisten. Abu Hani telefoniert ständig, mit dem jemenitischen Botschafter, mit den Irakis, mit Arafat, mit Allah weiß wem, aber bis jetzt tauchen die alle weg, wissen von nichts, können sich das gar nicht vorstellen. Mit ins Office zu kommen hätte wenig Sinn. Abu Hani wollte aber, daß ihr auf jeden Fall schon mal Bescheid wißt und von den Schwierigkeiten nicht erst aus dem Radio erfahrt.«

Ich spürte Übelkeit in mir aufsteigen. Was war ich doch so verdammt sicher gewesen. Was würde jetzt passieren? Wie aus dieser Situation herauskommen, wenn der Jemen nicht bereit war, das Kommando und unsere Gefangenen aufzunehmen? Auf der Suche nach irgendeinem Weg, der doch noch alles zum Guten wenden könnte, rasten die Gedanken sich überschlagend durch meinen Kopf.

Rosa, die lang geschwiegen und einen Punkt jenseits der Wand fixiert zu haben schien, sagte schließlich leise: »Danke, daß du uns Bescheid gesagt hast! Richte Abu Hani bitte aus, wir wollen ihn in jedem Fall und egal, wie sich was entwickelt, so schnell wie möglich sprechen. Es ist dringend, wirklich!«

Samy stand auf und machte Anstalten zu gehen, zögerte aber und drehte sich noch einmal zu uns um. »Wißt ihr, ich habe schon viele Niederlagen und ein paar wenige Siege erlebt. Es ist jedesmal anders, aber es ist immer so schwer, daß man glaubt, es nicht ertragen zu können ... aber es ist auch jedesmal weitergegangen, und wir sind noch jedesmal dadurch gewachsen und stärker geworden.«

Als wir allein waren, sah ich Rosa zum ersten Mal, seit ich sie kannte, mit Tränen in den Augen. Ich wollte sie trösten und in die Arme nehmen, aber sie wehrte schroff ab, machte eine Bewegung, als ob sie etwas abschütteln müßte. »Schon gut, das hilft jetzt auch nicht. Wir müssen den anderen irgendwas sagen, es wäre nicht gut, wenn sie von einer Zuspitzung erst im Deutschlandfunk hören. Ach Scheiße, das ist wirklich das letzte ...«

»Laß nur, ich mach das schon. Und keine Sorge, ich werde es so dosieren, daß es nicht allzu dramatisch klingt und wir es zur Not wieder einsammeln können!«

EIN TAG, EIN ABEND, EINE LANGE NACHT

Niemals zuvor in meinem Leben war ich durch ein solches Wechselbad der Gefühle gegangen wie in diesen letzten 24 Stunden. Ich sah mich um, sah meine Genossen sitzen, stehen, liegen, und es gab kein Gesicht, das nicht von der Anspannung gezeichnet war, in dem sich nicht Erschöpfung ausdrückte.

Es war gut gewesen, den übrigen anzukündigen, daß die Dinge womöglich nicht so laufen würden wie gedacht. Wenig später erfuhren wir, daß die Maschine zwar in Aden gelandet war, aber mit einem durch die Armeefahrzeuge erzwungenen halsbrecherischen Manöver über die Runway hinaus. Die Maschine wurde, so hieß es, sofort von Soldaten umstellt, und Radio Monte Carlo meldete sogar, daß es zwischen Entführern und jemenitischen Armeeangehörigen zu einer Schießerei gekommen sei. Allen war nach diesen Meldungen bewußt, daß der Ausgang der Aktion wieder völlig ungewiß war.

Und dann kam die Nachricht, daß der Co-Pilot vom Kommando erschossen worden sei. Wir hörten inzwischen auf mehreren Radios verschiedene Sender parallel, aber keiner gab Auskunft darüber, wo, wann und warum das geschehen sein sollte. Wenig später hieß es im englischsprachigen Programm von Radio Moskau, das einzige Zugeständnis, das die jemenitische Regierung zu machen bereit sei, wäre, die Maschine aufzutanken und sie erneut starten zu lassen. Sollte das aber nicht unverzüglich geschehen, hätten die Soldaten Befehl, das Flugzeug zu stürmen, auch wenn es dabei Opfer geben würde.

Etwa zu dieser Zeit kam Samy wieder zu uns, um Rosa und mich zu Abu Hani ins Office zu bringen.

Mit welchen Erwartungen auch immer wir losgefahren waren, was Abu Hani uns berichtete, war mehr als ernüchternd. Er hatte mit allen telefoniert, die er erreichen konnte, er hatte alle mobilisiert, von denen er annahm, daß sie seiner und unserer Sache nahestünden, er war – seinen Bekundungen nach – selbst auf Leute zugegangen, mit denen er eigentlich nicht hätte reden, sondern die er eigentlich lieber hätte erschießen wollen. »But you can cruzify me, nobody seems to know what is going on.«

Mir kam der ketzerische Gedanke, daß er, der Schachspieler, der Puppenspieler, genau wie wir, keine Ahnung hatte, was wirklich vor sich ging. Wenn ich Rosa ansah, gab es auch bei ihr keine Antworten, sondern nur neue Fragezeichen.

Abu Hani spürte, wie Skepsis und Unsicherheit bei uns wuchsen, und er beeilte sich zu versichern, daß dies aber nicht bedeuten müsse, nun sei alles vorbei. Das Kommando habe einen Ausweichplan mit auf den Weg bekommen, und er habe keinen Zweifel daran, daß dieser funktionieren würde.

Rosa wollte sofort wissen, wohin die Maschine als nächstes fliege und ob es mit diesem Land eine Vereinbarung gäbe.

Statt ihr direkt zu antworten, sagte er zu Susu einige schnelle Sätze auf Arabisch, die sie uns übersetzte. »Die Maschine wird nach Somalia fliegen. Für diese Aktion gibt es keine vorher getroffenen Vereinbarungen, aber Abu Hani kennt Siad Barré persönlich, er ist ein Freund der palästinensischen Sache und hat uns noch nie enttäuscht.«

In diesem Moment klopfte es an der Tür, und auf Aufforderung kam ein sehr junger Palästinenser herein, ging zum Schreibtisch, stand stramm und machte Meldung. Abu Hanis Miene hellte sich auf, und er entließ den Jungen mit einem Scherz, bevor er sich wieder uns zuwandte. »Die somalische Presseagentur hat soeben gemeldet, daß die somalische Regierung beschlossen habe, der dringenden Bitte der deutschen Regierung zu entsprechen und die aus Aden im Anflug befindliche, entführte Lufthansa-Maschine in Mogadischu landen zu lassen. Man werde alles tun, um den Passagieren zu helfen und so weiter und so weiter . . .«

Er war wie ausgewechselt. Nichts Fahriges, Unbestimmtes mehr in der Stimme, gab er Susu eine Reihe von Anweisungen, die daraufhin eilig den Raum verließ.

»Meine jungen Freunde, ihr werdet verstehen, daß es jetzt einiges zu tun gibt. Absprachen und Arrangements müssen getroffen werden, vielleicht werde ich noch heute nach Somalia fliegen. Ich versichere euch, daß ich euch über alles informieren werde, sobald ich Näheres weiß.«

Wir standen auf, verließen das Büro und wurden von einem Fahrer zurück zum Haus gefahren, denn Samy war bei unserem Hinausgehen vom Alten zu sich gerufen worden.

Unter den im Haus Zurückgebliebenen hatte die Meldung von der bevorstehenden Landung der »Landshut« in Mogadischu die Zuversicht wieder wachsen lassen, die Aktion könne doch noch erfolgreich zu Ende gehen. Wir wurden mit Fragen bombardiert, was Abu Hani genau gesagt habe, in welcher Stimmung er gewesen sei, ob er etwas dazu gesagt habe, wie lang es jetzt noch dauern könne. Wir bemühten uns beide, die gewachsene Zuversicht zu nähren.

Als wir nach etwa einer Stunde endlich Gelegenheit fanden, uns für einige Zeit zurückzuziehen, klang bei Rosa Skepsis durch. »Da stimmt was nicht, das hat einen Haken, der hat uns nicht alles gesagt, das spüre ich. Sag doch auch mal, kannst du dich erinnern, den je so erlebt zu haben? Der war doch wie geplättet, wußte nicht mehr weiter und dann plötzlich diese Nun-ist-alles-wieder-gut-Nummer. Ist dir das nicht aufgefallen?«

»Mir ist etwas aufgefallen. Er hat zu Susu etwas anderes gesagt als das, was sie an uns weitergereicht hat.«

»Hast du ihn denn verstanden?«

»Nur in etwa ..., daß sie uns beruhigen soll, daß er erst morgen Näheres erfahren würde und man uns hinhalten müsse ..., ganz sicher bin ich nicht, aber so was in der Art hab ich verstanden.«

Rosa sah durchs Fenster hinaus in den Vorgarten. Die beiden staubigen, mehr grauen als grünen Ölpalmen an der Straße ließen die Wedel bewegungslos hängen, die Hitze stand. Wir waren müde und ausgebrannt.

Ich sah auf die Uhr. Unterstellt, die Landung wäre inzwischen erfolgt, dann würden uns Meldungen über Forderungen und Verhandlungen erst in zwei oder drei Stunden erreichen. Ich zeigte einladend auf das Matratzenlager in der Zimmerecke. »Meinst du nicht auch, daß jetzt zwei Stunden drin sein müßten? Ernst sagt sofort Bescheid, falls er was Neues aus dem Äther fischt, und sonst können wir eh nichts tun, außer uns verrückt zu machen.«

Statt zu antworten, kickte sie die Schuhe von den Füßen, stellte den auch in diesem Raum ständig laufenden Deckenventilator auf die kleinste Stufe und legte sich hin. Ich wollte noch eine kurze Dusche nehmen, mußte aber feststellen, daß es dazu bereits wieder einmal zu spät war. Die Sonne schien inzwischen so intensiv, daß das Wasser kochend heiß aus der Leitung kam. Trotz ein paar Händen Wasser fühlte ich mich immer noch verschwitzt, als ich mich zu Rosa gesellte. Der Schlaf kam, kaum daß ich die Augen geschlossen hatte. Wir wurden auch nicht wach, als Eva mit einem Tablett ins Zimmer kam und es auf dem Tischchen abstellte. Sie hatte eine Gurke und eine Tomate aufgeschnitten, zwei Fladenbrote überbacken, einen Quark mit Öl, Sesam und Kräutern gemischt und Joghurt mit Eiswasser verdünnt als Getränk dazu gestellt. Wir entdeckten den liebevoll angerichteten Imbiß erst, als Ernst uns nach nur einer Stunde lachend, lärmend, überdreht aus dem Schlaf riß.

»Es ist gelaufen, hört ihr, es ist gelaufen. Sie bringen die Gefangenen! Mensch, ich hab's schon beinah nicht mehr geglaubt, aber die sind schon unterwegs, sie haben es gerade durchgegeben.«

Ich hörte seine Worte, aber bis ich deren Inhalt begriff, brauchte es eine Weile, währenddessen hüpfte Ernst auf den Matratzen um uns herum. Rosa kam wesentlich schneller zur Sache. »Wer hat das gesagt? Hat Schmidt 'ne Erklärung abgegeben? Und welcher Sender? Los, erzähl doch?«

»Nein, keine Erklärung von Schmidt. Wischnewski ist in Mogadischu und hat, nachdem das Kommando offenbar 'ne Deadline gesetzt hat, erst mit Barré und anschließend mit ihnen verhandelt und dann öffentlich gemacht, die Bundesregierung werde den Forderungen der Entführer entsprechen, eine Bundeswehrmaschine mit den Gefangenen sei bereits auf dem Weg nach Mogadischu, der Austausch soll in wenigen Stunden über die Bühne gehen!«

»Gab's 'ne Zeit dazu? Ich meine, wann hat er das abgelassen? Weiß einer, wie lange ein Flieger von Frankfurt nach dort braucht?«

Rosa war bereits auf dem Weg nach unten, als ich noch dabei war, in die Hose zu steigen. Ich hätte nicht sagen können, warum, aber anders als zu Beginn der Entführung wollte Euphorie oder Siegesfreude bei mir nicht aufkommen.

Es folgten ein paar aufgelöste Stunden vor dem Weltempfänger. Ernst kannte inzwischen die genauen Positionen einer ganzen Reihe von Sendern. Er hatte einen englischsprachigen Sender aus Südafrika ausgemacht, der halbstündig Nachrichten brachte. Rosa hatte im internationalen Flugrouten-Handbuch nachgeschlagen, Tabellen mit Zeitzonen verglichen, wegen des Flugzeugtyps eine Zwischenlandung zum Auftanken einbezogen und schließlich errechnet, wann demzufolge frühestens mit einer Meldung über den vollzogenen Austausch zu rechnen sei.

Wir waren so damit beschäftigt nachzuvollziehen, was sich gerade wie und wo abspielte, daß uns erst im nachhinein auffiel, daß diesmal keiner von den Palästinensern zu uns kam. Das Ende der Ungewißheit wurde von allen mit Erleichterung aufgenommen, und einige dachten bereits darüber nach, wie es sein würde, den Befreiten zum ersten Mal gegenüberzustehen.

»Bleibt mal auf dem Teppich, noch ist vieles unklar an der Kiste. Gibt's zum Beispiel Bedingungen, die Wischnewski mit Barré ausgedealt hat, die Gefangenen nicht mehr wegzulassen oder so'n Mist? Auch wenn sie raus sind, noch ist die Sache nicht gelaufen, und Trouble kann's immer noch geben.« Rosas Versuch, die neu aufsteigende Siegesstimmung zu dämpfen, mußte von den Angesprochenen als halbherzig empfunden werden, denn sie lächelte. Ernst brüllte plötzlich, alle sollten das Maul halten, Radio Monte Carlo habe gerade eine Eilmeldung gebracht, aber dank der Lautstärke habe er nicht verstehen können, worum es gegangen sei.

Er kurbelte, fand die BBC, eine Reportage über die letzten britischen Auslandsbesitzungen, kurbelte weiter zum Deutschlandfunk, das normale Programm, klassische Musik.

»Komm, keine Hektik, laß den doch stehen, bis etwas kommt«, forderte ihn Rosa auf.

Als die Gespräche Minuten später schon wieder auseinanderdrifteten, kam die Unterbrechung für eine Sondermeldung. Und während diejenigen, die etwas abseits auf der Terrassenbrüstung saßen, noch in ihre Gespräche vertieft waren, kam aus der um den Empfänger versammelten Gruppe ein gellender, vielstimmiger Aufschrei.

»Nein!« »Das gibt's doch nicht!« »So eine Scheiße, Mist verdammter, Mist, Mist, Mist!« »Sie haben's gemacht, sie haben's wirklich gemacht!« Sekunden später waren alle beim Empfänger, wo der Sprecher gerade die Meldung wiederholte, die ein völlig anderes Ende der »Landshut«-Entführung verkündete, als das, auf das wir sehnsüchtig gewartet hatten.

». . . wird gemeldet, daß es einer Spezialeinheit des Bundesgrenzschutzes gelungen ist, alle Passagiere der nach Mogadischu entführten Lufthansa-Maschine unverletzt zu befreien. Bei dem Einsatz sollen bis auf eine schwer verletzte Frau alle Geiselnehmer erschossen worden sein, von den eingesetzten Grenzschutzbeamten kam niemand zu Schaden. Staatsminister Wischnewski, der im Auftrag der Bundesregierung die Verhandlungen mit den Behörden vor Ort geführt hat, bedankte sich bei Staatspräsident Siad Barré und allen beteiligten Behörden Somalias für die geleistete Hilfe bei der Befreiung der Passagiere.«

Stille. Keiner sagte etwas, keiner fragte etwas. Ernst stellte das Radio einfach ab, stand auf, ging von der Terrasse durch das Zimmer ins Treppenhaus, war nicht mehr zu sehen. Dann ein lautes, anschwellendes Aufheulen aus dem Inneren. Ernst, immer korrekt, immer zuvorkommend, immer bereit zu tun, was übriggeblieben war, Ernst verlor gerade völlig die Fassung, für sich allein natürlich.

Dieser Schrei löste bei den Zurückgebliebenen die Erstarrung, ein Durcheinander von wüsten Beschimpfungen, Drohungen, Erklärungsversuchen, hilfloser Wut. Rosa schwieg, ging langsam zur Brüstung, setzte sich, zündete sich eine Zigarette an, gab mir einen Wink, mich dazu zu setzen. »Was denkst du, wird jetzt passieren?«

»Meinst du wegen der Stammheimer?«

Sie sah mich nicht an, nickte nur.

»Ich weiß nicht . . . vielleicht gar nichts . . . vielleicht werden sie warten, bis sie wieder mit uns Kontakt kriegen.«

»Quatsch, werden sie nicht. Sie werden es tun ... und sie werden es gleich tun, damit die Aktion nicht als Niederlage dasteht.« Sie schnippte die Zigarette hinunter in den Vorgarten, erhob sich und sah kopfschüttelnd zu den in Grüppchen herumstehenden und aufeinander einredenden Leuten hin. »Das wird noch was geben ... Ich geh und leg mich lang.«

Ich blieb verblüfft zurück. Mit allem hatte ich gerechnet, daß sie zu Abu Hani aufbrechen würde, daß sie, wie öfter in Krisensituationen, den Anwesenden mit ein paar klaren, harten Sätzen die Orientierung zurückgab, daß sie wütend versprach, Helmut Schmidt zur Strecke bringen zu wollen, mit allem, aber nicht damit, daß sie sich im Anschluß an die Feststellung, die Gefangenen würden jetzt handeln, schlafen legen könnte.

Was in den folgenden Vormittagsstunden passierte, zog bis auf das Erscheinen von Samy eindruckslos an mir vorbei. Samy, verschwitzt, unrasiert, übernächtigt, genauso fertig wie wir, verkündete, Abu Hani wolle mit uns am späten Nachmittag über erste Konsequenzen aus dem katastrophalen Ende der Aktion sprechen. Er bitte uns, diese Niederlage als eine Verpflichtung beider Gruppen zu sehen, sofort damit zu beginnen, eine neue Aktion vorzubereiten. Was er mir mit von vielen Zigaretten heiserer Stimme übermittelte, war wohl aufmunternd gemeint, klang aber wie die Ankündigung einer Beisetzungsfeier.

Ich ging, um Rosa zu informieren. Das Zimmer war durch die gelben, bodenlangen Vorhänge abgedunkelt. Rosa lag wie eingerollt quer über zwei Matratzen. Obwohl der Ventilator sich drehte, war es schweißtreibend heiß. Ich zögerte einen Moment, ob ich sie wirklich aufwecken sollte. Es ließ sich wohl nicht vermeiden. Samy würde bald kommen, um uns abzuholen, und sie würde sicher eine Tasse Tee trinken und etwas essen wollen, bevor wir aufbrachen.

Ich berührte sie vorsichtig am Arm und hätte um ein Haar vor Schreck das Gleichgewicht verloren, denn sie schoß in die Höhe, schlaftrunken zwar, aber von der Haltung her bereit zu allem.

»Ist was passiert? Hast du etwas über die Gefangenen gehört?«

Ich machte eine beschwichtigende Geste, hockte mich zu ihr und drückte sie zurück auf das Lager. »Nichts ist passiert, keine neuen Nachrichten. Samy war vorhin kurz da, in einer Stunde wird er uns holen, Abu Hani will mit uns darüber reden, was jetzt zu tun ist. Wenn du möchtest, hole ich dir einen Tee und ein Stück Brot?«

Rosa schüttelte den Kopf, löste sich aus meinem Griff und setzte sich erneut auf. »Ich komm gleich mit nach unten. Ich denke, es wird Zeit, daß wir reden, mit allen, meine ich.«

Wenn sie etwas in diesem Tonfall feststellte, wußte ich aus Erfahrung, daß Argumentieren zwecklos war. Sie hatte sich bereits etwas zurechtgelegt und würde es jetzt in der ihr eigenen Systematik umsetzen. Wir gingen nach unten, wo, verteilt über die Sitzmöglichkeiten, alle übrigen Bewohner des Hauses herumsaßen. Keine Gespräche. Christine kniete vor der lautlos weinenden Eva und streichelte sie tröstend. Ernst war wieder mit dem Radio beschäftigt, hatte aber einen Kopfhörer aufgesetzt und vermutlich nicht gehört, daß wir die Treppe heruntergekommen waren. Die übrigen hockten wie Vögel auf der Fensterbank und starrten hinaus ins grellweiße Nichts. Die schrägstehende Spätvormittagssonne war bereits kräftig genug, die Konturen der Palmen, Büsche und Häuser einfach aufzulösen.

Ein Knall. Alle blickten auf Rosa, die ein Tablett aus einiger Höhe auf die Tischplatte hatte fallen lassen. Einzig Ernst saß weiter mit aufgesetztem Kopfhörer vor dem Weltempfänger und hatte nichts mitbekommen. »Wir müssen reden! Gelaufen ist gelaufen, wir können es nicht mehr ändern, nur noch daraus lernen. Jetzt wird es darum gehen, nein, es muß darum gehen, wie weiter, was als nächstes ...«

Sie konnte, so wie sie stand, nicht sehen, was in diesem Moment hinter ihrem Rücken geschah. Ernst sprang auf, riß das Kopfhörerkabel aus der Buchse und das Radio vom Vorsprung. Mit einem Krachen schlug es auf dem Fliesenboden auf und verkündete trotz allem laut und vernehmbar und in Deutsch: ... wurde soeben von der Justizbehörde des Landes Baden-Württemberg mitgeteilt, daß heute in den frühen Morgenstunden die im Gefängnis von Stuttgart-Stammheim inhaftierten RAF-Terroristen Gudrun Ensslin, Andreas Baader und Jan-Carl Raspe tot in ihren Zellen aufgefunden wurden. Die Gefangene Irmgard Möller wurde schwer verletzt aus ihrer Zelle in ein Krankenhaus verlegt, sie soll inzwischen außer Lebensgefahr sein. Nach ersten, noch unbestätigten Informationen sollen sich Baader und Raspe erschossen und Frau Ensslin erhängt haben. Das

Justizministerium hat für den frühen Abend eine Pressekonferenz angekündigt.

Ernst schaltete das Radio ab. Minutenlange unwirkliche Stille. Tränen in den meisten Augen. Christine zitterte, es schüttelte sie, dann brach sich ein Weinkrampf Bahn, sie weinte hemmungslos. Eva, eben noch von Christine getröstet, stand da, rot, und schrie plötzlich los: »Diese Schweine, diese Säue, sie haben sie einfach umgebracht. Die haben die Gelegenheit genutzt und einfach alle umgebracht.«

Als das heraus war, sackte sie wieder in sich zusammen, starrte ins Leere. Ernst nahm den Kopfhörer ab, schmiß ihn an die Wand und gab dem Radio einen Tritt, der es unter die Bank beförderte. Alles um mich herum, die Geräusche, die Bewegungen, hatte nichts mehr mit mir zu tun. Was da geschah, passierte irgendwo ganz da vorn, auf einer fernen Leinwand. Alle Empfindungen waren zu einer schwarzen, eiskalten Kugel in meiner Brust zusammengeschnurrt, die es mir sehr schwer machte, ein- oder auszuatmen. Einzig zwei feuchtwarme Bahnen bildeten sich knapp über der Eisschicht von den Wangen zum Kinn.

Etwas durchbrach die Hülle, die mich gerade noch von allem getrennt hielt. Eine Serie von Knallgeräuschen aus der Richtung, in der Rosa stand ... Sie hatte das Tablett wieder aufgenommen und schlug damit wütend auf das Tischchen ein. »Schnauze, haltet verdammt noch mal für einen Moment die Fresse. Was wird das hier, eine Trauerfeier mit Klageweibern? Könnt ihr die Stammheimer wirklich nur als Opfer sehen? Das war eine Aktion, habt ihr verstanden: eine A k t i o n ! Ihr könnt aufhören zu flennen, ihr Arschlöcher!« Sie schrie, dunkelrot, mit vor Wut verzerrtem Gesicht. Dann brach sie abrupt ab, ließ das Tablett ein letztes Mal auf die Tischplatte knallen, drehte sich um, ging zur Treppe und nach oben.

Warum? Warum hatte sie das getan? Ich verstand gar nichts mehr, konnte mir diesen Ausraster einfach nicht erklären. Aber es blieb mir kaum Zeit, darüber länger nachzudenken. Ernst hatte sich direkt an mich gewandt: »Das will ich jetzt noch einmal von dir hören. Sie sagt, die sind nicht umgebracht worden, die haben sich selbst getötet, richtig? Und ihr habt das vorher gewußt, auch richtig?«

Ich konnte bloß nicken, nichts sagen, ging hinaus in den Vorgarten, wollte endlich allein sein. Nur noch Müdigkeit, Traurigkeit, Leere. Ich hockte mich vor eine der Palmen, lehnte mich an den rauhen Stamm und schloß die Augen. Ein harter Schlag auf meine Schulter beendete die Innensicht. Vor mir sah ich Rosa als Schattenriß.

»Samy ist gekommen, sie wissen, was passiert ist, und wollen mit uns reden. Du mußt mitkommen, wir müssen noch heute mit Brüssel telefonieren und entscheiden, wie Spindy zu Ende gebracht werden soll.«

Mir gefiel nicht, wie sie das sagte. Ich wollte nirgendwohin, nichts diskutieren, nichts entscheiden, ich wollte nicht einmal aufstehen. »Spindy, Brüssel ... was gibt's da noch groß zu überlegen. Abu Hani wird wollen, daß er erschossen wird, du willst es, ich will es und die in Brüssel ...«

»Hör auf, dich hängen zu lassen und wie ein Idiot zu benehmen. So kannst du damit nicht umgehen! Also reiß dich gefälligst zusammen, heb deinen Hintern und komm mit ins Office.«

DIE LETZTE LÜGE

Es war fast genau ein Jahr her, als ich in Aden eine der beiden Personen traf, die Hanns-Martin Schleyer nach dem gemeinsam und einstimmig gefaßten Beschluß erschossen haben. Ohne daß ich gefragt oder darauf gedrängt hätte, erzählte sie mir, wie nach ihrer Erinnerung die letzten Stunden mit dem Gefangenen verlaufen waren.

Nachdem Schleyer von der Entführung der »Landshut« unterrichtet worden war und die gemeinsame Kommandoerklärung zu lesen bekommen hatte, hatte er bei jedem und jeder sich bietenden Gelegenheit versucht, etwas über den Stand der Entwicklung zu erfahren. Den bei Hanns-Martin Schleyer verbliebenen Kommandomitgliedern wurde durch die Häufigkeit und die Zielrichtung seiner Fragen bewußt, daß ihrem Gefangenen die Verknüpfung seines Schicksals mit Verlauf und Ausgang der Flugzeugentführung nicht entgangen war. Um einer möglichen Panikreaktion des Gefangenen vorzubeugen, kamen die Kommandomitglieder überein, an Schleyer nur noch zuvor zwischen ihnen abgesprochene Informationen über die zeitliche Abfolge und den genauen Verlauf der Aktion weiterzugeben. So erfuhr Schleyer kurz nach Beginn der Flugzeugentführung über deren Zwischenstationen immer erst im nachhinein. Ihm wurde jedoch vorenthalten, daß die Aktion ursprünglich in Aden hätte zu Ende gehen sollen.

Bemüht darum, sich durch gezielte Informationsverzögerungen einen Puffer zu verschaffen, blieben die RAF-Bewacher gegenüber Schleyer bei allen Fragen zum weiteren Verlauf der »Landshut«-Entführung so vage, daß dieser vermutlich wirklich nicht beunruhigt war. Von den dramatischen Vorgängen nach der Landung der Lufthansa-Maschine in Mogadischu soll der Gefangene nach Auskunft meiner Gewährsperson nichts erfahren haben. Nachdem die GSG 9 das Flugzeug gestürmt und die Passagiere befreit hatte, herrschte zwischen den bei Schleyer verbliebenen Bewachern Einigkeit darüber, ihm davon keinesfalls etwas mitzuteilen, sondern ihn weiter glauben zu lassen, ein positiver Ausgang stehe unmittelbar bevor.

Nachdem der Tod der Stammheimer RAF-Gefangenen bekanntgeworden war und noch bevor der Fernschreiberkontakt nach Bagdad zustande kam, besprachen die Brüsseler Kommandomitglieder bereits, daß Hanns-Martin Schleyer jetzt erschossen werden müsse. Sie hatten offenbar keinen Zweifel daran, daß das von den in Bagdad befindlichen Kommandomitgliedern genauso gesehen würde. Der Beschluß, Hanns-Martin Schleyer zu erschießen, wurde noch am selben Tag von den Mitgliedern des Kommandos in Bagdad und Brüssel per Telefon gemeinsam gefaßt. Der Beschluß war einstimmig, niemand äußerte irgendwelche Zweifel an seiner Richtigkeit und seiner Berechtigung.

Die Kommandos in Bagdad und Brüssel kamen überein, dem Gefangenen zu erzählen, die Forderungen der RAF seien erfüllt worden, die RAF-Inhaftierten frei und die »Landshut«-Entführung wie geplant zu Ende gegangen. Nun müsse die Gruppe ihn, bevor er freigelassen würde, noch einmal verlegen. Das sei zwar für alle mühselig, aber die RAF müsse Zeit gewinnen, um hinter sich Spuren zu verwischen und sich in Ruhe absetzen zu können. Schleyer soll über diese Aussicht so erfreut gewesen sein, daß er noch Scherze darüber gemacht haben soll, wie dieser »Umzug« wohl diesmal verlaufen würde.

In den ersten Morgenstunden des letzten Tages der Entführung wurde Hanns-Martin Schleyer von den beiden bei ihm verbliebenen Kommando-Mitgliedern mit dem Fahrstuhl in die Tiefgarage der Brüsseler Hochhauswohnung eskortiert, in der er die letzte Zeit seiner Gefangenschaft verbracht hatte. Man legte ihn gefesselt in den Kofferraum einer Mercedes-Limousine und erklärte ihm, die Fahrt zu dem Ort, von dem aus man ihn dann binnen Stunden laufenlassen würde, dauere nicht besonders lang.

Kurz nach der französisch-belgischen Grenze bog der Wagen mit Schleyer im Kofferraum von einer Landstraße über einen Seitenweg in ein Waldstück ab und hielt an. Die beiden Kommandomitglieder stiegen aus, gingen um den Wagen herum zum Kofferraum, öffneten ihn, hoben Schleyer an Armen und Beinen heraus und legten ihn mit dem Gesicht nach unten auf den Waldboden. Dann zogen beide ihre Waffen und schossen ihm gleichzeitig in den Hinterkopf. Nachdem sie den Toten in den Kofferraum zurückgelegt hatten, fuhren sie auf Nebenstrecken ins Elsaß, wo sie den Wagen in einer Nebenstraße in Mülhausen abstellten. Von dem ursprünglichen Plan, den Getöteten nach Bonn zu bringen und im Regierungsviertel abzustellen, hatten die Kommandomitglieder aus Sicherheitsgründen Abstand genommen.

Diejenige Person, die mir diesen Ablauf berichtet hat, sagte, daß der ganze Vorgang vom Anhalten bis zu den tödlichen Schüssen höchstens 20 oder 30 Sekunden gedauert habe und völlig wortlos vonstatten gegangen sei. Sie gab sich zuerst völlig überzeugt davon, daß Schleyer von dem, was dann passiert sei, nichts geahnt haben könne. Auf Nachfragen meinerseits kam die Person aber ins Schwanken. Es muß offenbleiben, ob Hanns-Martin Schleyer gemerkt hat, daß die letzten Sätze, die er mit Mitgliedern der RAF gewechselt hat, genauso gelogen waren wie die ersten Sätze zu Beginn seiner Gefangenschaft.

DANACH

Gerhard verließ die Kommandowohnung in Erftstadt-Liblar einige Tage nach dem Beginn der Entführung Hanns-Martin Schleyers. Er sollte einige Gegenstände aus einer Düsseldorfer RAF-Wohnung holen und dann in die Kommandowohnung zurückkehren. Nachdem er zur vereinbarten Zeit nicht eintraf, warteten die versammelten Kommandomitglieder noch zwei Stunden und beschlossen dann, jemanden zu einer Telefonzelle zu schicken und in der Wohnung in Düsseldorf anrufen zu lassen, wo es ein Telefon gab, das aber, wie alle Telefone in den Wohnungen, nur in äußersten Notfällen benutzt werden sollte.

Der zweimalige Versuch, Gerhard an diesem Abend zu erreichen, mißlang. In der Wohnung in Erftstadt-Liblar wurde begonnen, alles Wichtige einzupacken, um die Wohnung zur Not schnellstens räumen zu können. Am nächsten Vormittag wurde der Telefonkontakt noch einmal versucht, diesmal nahm Gerhard das Gespräch entgegen. Er sagte, er müsse unbedingt für einige Zeit allein sein und wolle gründlich über die Aktion und seine Rolle dabei nachdenken. Was passiert sei und wie er gehandelt habe, lasse ihm einfach keine Ruhe. Er entschuldigte sich dafür, uns so lang im unklaren gelassen zu haben, und betonte, wir müßten uns keine Sorgen machen, er wolle nur einige Zeit für sich sein und nichts und niemanden gefährden. Den Vorschlag, sich doch mit jemandem aus dem Kommando zu treffen, um in Ruhe und Auge in Auge über alles zu reden, lehnte er ab und kündigte an, die Wohnung nach dem Telefonat zu verlassen, jemanden zu schicken, sei also zwecklos. Er werde sich wieder melden, wenn er mit sich im reinen sei. Das war der letzte Kontakt zu ihm. Am Abend des folgenden Tages wurde er in einem Restaurant in der Düsseldorfer Altstadt bei einem Verhaftungsversuch durch die Polizei erschossen. Die Polizeibeamten gaben an, daß Gerhard, von Bewaffneten mit vorgehaltenen Waffen umstellt und damit in einer völlig aussichtslosen Lage, versucht habe, seine Waffe zu ziehen. Aus dem, was mir über die Vorgänge vor und während des Verhaftungsversuchs bekannt wurde, habe ich damals geschlossen, daß Gerhard die Verhaftung ebenso bewußt provoziert hat wie die Schüsse auf sich.

Von denjenigen, die zur Zeit der »Landshut«-Entführung in Bagdad versammelt waren, haben – bis auf Rosa – alle der RAF im Laufe der folgenden zwei bis drei Jahre den Rücken gekehrt und sich ins Exil in die DDR begeben. Ich selber habe die RAF im Januar 1980 in Paris verlassen und mich nach Hamburg abgesetzt, wo ich fast genau ein Jahr später verhaftet wurde.

ANHANG

Die Kommandoerklärungen der RAF zur Entführung
Hanns-Martin Schleyers in chronologischer Reihenfolge
5. September 1977 – 18. Oktober 1977

5.9.77
an die bundesregierung. sie werden dafür sorgen, daß alle öffentlichen fahndungsmaßnahmen unterbleiben – oder wir erschießen schleyer sofort, ohne daß es zu verhandlungen über seine freilassung kommt.

6.9.77
am montag, den 5.9.77 hat das kommando siegfried hausner den präsidenten des arbeitgeberverbands und des bundesverbands der deutschen industrie, hanns-martin schleyer, gefangengenommen.
zu den bedingungen seiner freilassung wiederholen wir nochmal unsere erste mitteilung an die bundesregierung, die seit gestern von den sicherheitsstäben, wie wir das inzwischen kennen, unterschlagen wird. das ist die sofortige einstellung aller fahndungsmaßnahmen – oder schleyer wird sofort erschossen. sobald die fahndung gestoppt ist, läuft schleyers freilassung unter folgenden bedingungen:
die gefangenen aus der RAF: andreas baader, gudrun ensslin, jan-carl raspe, verena becker, werner hoppe, karl-heinz dellwo, hanna krabbe, bernd rössner, ingrid schubert, irmgard möller werden im austausch gegen schleyer freigelassen und reisen in ein land ihrer wahl.

günter sonnenberg, der seit seiner festnahme wegen einer schußverletzung haftunfähig ist, wird sofort freigelassen. sein haftbefehl wird aufgehoben. günter wird zusammen mit den 10 gefangenen, mit denen er sofort zusammengebracht wird und sprechen kann, ausreisen. die gefangenen sind bis mittwoch, 8 uhr früh, auf dem flughafen frankfurt zusammenzubringen. sie haben bis zu ihrem abflug um 12 uhr mittags jederzeit und uneingeschränkt die möglichkeit, miteinander zu sprechen. um 10 uhr vormittags wird einer der gefangenen das kommando in direktübertragung durch das deutsche fernsehen über den korrekten ablauf ihres abflugs informieren.
in der funktion öffentlicher kontrolle und garantie für das leben der gefangenen während des transports bis zur landung und aufnahme sollen die gefangenen – wie wir vorschlagen würden – von payot, dem generalsekretär der internationalen föderation für menschenrechte bei der uno, und pfarrer niemöller begleitet werden. wir bitten sie, sich in dieser funktion dafür einzusetzen, daß die gefangenen dort, wo sie hinwollen, lebend ankommen. natürlich sind wir auch mit einem alternativvorschlag der gefangenen einverstanden.
jedem der gefangenen werden 100 000 dm mitgegeben.
die erklärung, die durch schleyers foto und seinen brief als authentisch identifizierbar ist, wird heute abend um 20.00 uhr in der tagesschau veröffentlicht, und zwar ungekürzt und unverfälscht.
den konkreten ablauf von schleyers freilassung legen wir fest, sowie wir die bestätigung der freigelassenen gefangenen haben, daß sie nicht ausgeliefert werden, und die erklärung der bundesregierung vorliegt, daß sie keine auslieferung betreiben wird.
wir gehen davon aus, daß schmidt, nachdem er in stockholm demonstriert hat, wie schnell er seine entscheidungen fällt, sich bemühen wird, sein verhältnis zu diesem fetten magnaten der nationalen wirtschaftscreme ebenso schnell zu klären.
RAF – kommando siegfried hausner

7.9.77
wir verstehen die nichtveröffentlichung unserer forderungen und des ultimatums, die gestern, 20 uhr, in der tagesschau bekanntgegeben werden sollten, korrespondierend zu der geheimgehaltenen

entscheidung des krisenstabs, nur als den versuch der bundesregierung, die militärische lösung durchzuziehen.
dieselbe funktion hat das manöver des bka, mit der forderung nach einem lebenszeichen schleyers zeit rauszuholen, nachdem sie gestern nachmittag schleyers handgeschriebenen brief sowie ein gestern von ihm aufgenommenes foto in der hand haben.
wir werden uns nur auf die beantwortung der fragen, die das bka heute bekanntgeben will, einlassen, wenn sichtbar wird, daß sich die bundesregierung ihrerseits an die bedingungen hält – und wir haben nicht mehr lange lust, uns zu wiederholen:
die fahndung wird sofort gestoppt.
die gefangenen werden sofort zusammengebracht.
die bestätigung dafür wird von einem der gefangenen heute über das deutsche fernsehen abgegeben.
als sichtbares zeichen verlangen wir, daß die videoaufnahme, in der schleyer seinen beiliegenden brief verliest, heute ab 18.00 uhr in allen nachrichtensendungen des fernsehens abgespielt wird.
kommando siegfried hausner

8.9.77
es wird von uns keine weiteren erklärungen geben, bevor die gefangenen nicht abgeflogen sind. um sicher zu gehen, daß schleyer lebt, hat die bundesregierung genug beweise: seine briefe, das videoband sowie das tonband mit seinen antworten auf die beiden fragen. kontaktpersonen sind überflüssig wie jeder weitere verzögerungsversuch, die verständigung über schleyers freilassung läuft über die tatsache des abflugs der gefangenen oder gar nicht. wir fordern zum letzten mal:
bis heute abend, 20.00 uhr, ist die politische entscheidung der bundesregierung öffentlich bekanntzugeben.
bis freitag, 10.00 uhr morgens, läuft die bestätigung durch einen abflug der gefangenen, daß sie abrufbereit sind.
bis 12.00 uhr mittags ist der abflug der gefangenen in einem vollgetankten langstreckenflugzeug der lufthansa gelaufen, der über tv direkt übertragen wird.

die übrigen forderungen sind ihnen aus den vorhergegangenen erklärungen bekannt.
kommando siegfried hausner

12.9.77
wir erwarten bis 24.00 uhr die entscheidung der bundesregierung, ob sie den austausch will oder nicht, und zwar in der form, daß sie erkennbar vorbereitungen für die zusammenlegung der gefangenen trifft.
der ablauf dieser prozedur ist bereits festgelegt. einer der gefangenen bestätigt die laufenden vorbereitungen.
die möglichen zielländer können der bundesregierung nur von den gefangenen selbst genannt werden.
auf weitere bka-meldungen an payot werden wir ohne konkrete schritte der bundesregierung nicht mehr reagieren.
falls die bundesregierung auch dieses ultimatum schweigend übergehen will, hat sie die konsequenzen zu tragen.
kommando siegfried hausner

13.9.77
wir haben unserer erklärung vom 12.9.77 nichts hinzuzufügen. wir bitten monsieur payot, die rolle, die die bundesregierung ihm zugedacht hat und deren funktion einzig und allein zeitliche verzögerung und hinausschieben einer entscheidung ist, um handlungsspielraum für die militärische lösung zu gewinnen, abzulehnen.
die taktiererei der sogenannten geheimverhandlungen ist absurd bei dem ziel der aktion: der freilassung der gefangenen.
wir haben das infame kalkül der bundesregierung – in der klemme, daß ein eingehen auf die forderungen im widerspruch zu der von ihr inzwischen institutionalisierten bürgerkriegshetze gegen die RAF und zu der amerikanischen daumenschraube steht – seit 9 tagen mit mehrmaliger verlängerung unserer ultimaten beantwortet.
es hat von seiten der bundesregierung in diesen 9 tagen keinen einzigen konkreten schritt gegeben, der die bereitschaft signalisiert hätte, schleyer tatsächlich auszutauschen.
die ankündigung des bka, die fahndung werde gestoppt, war ein

witz. in jeder zeitung sind fotos von autobahnkontrollen und meldungen über gestürmte wohnungen.
wir geben der bundesregierung eine letzte frist bis heute abend, 24 uhr unsere forderungen zu erfüllen.
kommando siegfried hausner

26.9.77
wenn der bundesregierung noch am erhalt des lebens von schleyer liegt, muß sie sofort für den stop der fahndung in der brd als auch für den stop der von ihr initiierten fahndung in frankreich, holland und der schweiz sorgen. unsere forderung nach einstellung aller fahndungsmaßnahmen gilt nach wie vor.
wir warnen die bundesregierung davor, die telefongespräche mit payot weiterhin über fangschaltung oder dergleichen als fahndungsmittel einzusetzen.
wir werden weitere verhandlungen mit der bundesregierung nur noch über rechtsanwalt payot führen, wenn diese ihre taktik aufgibt, mit sinnlosen telefongesprächen zeit zu gewinnen und für uns sichtbar ist, daß sie tatsächlich die freilassung der 11 geforderten gefangenen vorbereitet.
weitere lebenszeichen von schleyer wird es nur noch im zusammenhang mit konkreten hinweisen auf den austausch geben.
auch wenn uns die bundesregierung die verhandlungsergebnisse von wischnewski vorenthalten will, gibt es von uns nur zu sagen, daß wir sicher sind, daß es länder gibt, die zur aufnahme der 11 gefangenen bereit sind.
kommando siegfried hausner

13.10.77
wir haben helmut schmidt jetzt genug zeit gelassen, um sich in seiner entscheidung zu winden.
zwischen der amerikanischen strategie der vernichtung von befreiungsbewegungen in westeuropa/3. welt und dem interesse der bundesregierung, den zur zeit für sie wichtigsten wirtschaftsmagnaten eben für diese imperialistische strategie nicht zu opfern.
das ultimatum der operation kofre kaddum des kommandos »martyr

halimeh« und das ultimatum des kommandos »siegfried hausner« der RAF sind identisch.
das ultimatum läuft am sonntag, den 16. okt. 1977 um 8.00 uhr g.m.t. ab. wenn bis zu diesem zeitpunkt die elf geforderten gefangenen ihr ziel nicht erreicht haben, wird hanns-martin schleyer erschossen.
nach 40 tagen der gefangenenschaft von schleyer wird es eine verlängerung des ultimatums nicht mehr geben, ebenso keine weitere kontaktaufnahme.
jegliche verzögerung bedeutet den tod schleyers.
um zeitliche komplikationen zu vermeiden, ist es nicht notwendig, daß pastor niemöller und rechtsanwalt payot die gefangenen begleiten.
die bestätigung der ankunft der gefangenen erhalten wir auch ohne die bestätigung durch die begleitperson.
nachdem wir die bestätigung erhalten haben, wird hanns-martin schleyer innerhalb von 48 stunden freigelassen.
freiheit durch bewaffneten antiimperialistischen kampf!
kommando siegfried hausner

19. 10. 77
wir haben nach 43 tagen hanns-martin schleyers klägliche und korrupte existenz beendet. herr schmidt, der in seinem machtkalkül von anfang an mit schleyers tod spekulierte, kann ihn in der rue charles peguy in mulhouse in einem grünen audi 100 mit bad homburger kennzeichen abholen.
für unseren schmerz und unsere wut über die massaker von mogadischu und stammheim ist sein tod bedeutungslos. andreas, gudrun, jan, irmgard und uns überrascht die faschistische dramaturgie der imperialisten zur vernichtung der befreiungsbewegungen nicht.
wir werden schmidt und der daran beteiligten allianz diese blutbäder nie vergessen.
der kampf hat erst begonnen! freiheit durch bewaffneten antiimperialistischen kampf!
kommando siegfried hausner

CHRONOLOGISCHER ABLAUF DER ENTFÜHRUNG HANNS-MARTIN SCHLEYERS

Anfang 1976 nehmen verschiedene, bis dahin getrennt operierende RAF-Splittergruppen durch Vermittlung eines Rechtsanwalts miteinander Kontakt auf. Sie beschließen, gemeinsam eine Guerilla-Ausbildung in einem Camp der Palästinenser im Nahen Osten zu absolvieren.

Juli – August 1976: Diese Gruppen treffen auf verschiedenen Flugrouten im Südjemen ein, konstituieren sich als RAF neu und beginnen mit dem Training. Mitte August tauschen sich die Anwesenden über ihre bisherigen Planungen aus. Dabei legen sie fest, daß es künftig zwei wesentliche Aktionsrichtungen geben soll: Aufbau mehrerer Kommandos mit dem Ziel der Befreiung aller RAF-Gefangenen einerseits und internationale Zusammenarbeit mit anderen Befreiungsbewegungen andererseits. Bei diesen Diskussionen wird das erste Mal Hanns-Martin Schleyer als mögliches Opfer einer Entführungsaktion benannt. Die Gruppe beschließt, Hanns-Martin Schleyer nach der Rückkehr in die Bundesrepublik Deutschland zu observieren, um herauszufinden, ob eine Entführung möglich ist.

Im Frühjahr 1977 sind alle RAF-Mitglieder wieder in Deutschland. Die Gruppe mietet Wohnungen, überfällt Banken und beginnt mögliche Entführungsopfer auszuspionieren. Gegen Ende April wählt sie

Hanns-Martin Schleyer aus. Die RAF glaubt, in Köln am Arbeitsplatz des Arbeitgeberpräsidenten die größten Erfolgschancen zu haben.

Ende Februar 1977 stößt eine gerade aus der Haft in Stuttgart-Stammheim Entlassene zur neu formierten RAF. Sie bringt eine Reihe von Forderungen der Gefangenen mit, darunter als wichtigste die nach einer sofortigen Befreiungsaktion. Außerdem soll sie einen Waffenschmuggel zu den Inhaftierten in Stuttgart-Stammheim organisieren.

Am 7. April wird Generalbundesanwalt Siegfried Buback mit zwei Begleitern in seinem Wagen erschossen.

Im Mai und Juni mietet die RAF in Düsseldorf und Köln Wohnungen an. Von diesen aus wird Hanns-Martin Schleyer bis zu seiner Entführung regelmäßig beobachtet.

Am 30. Juli wird bei einem Entführungsversuch der Bankier Jürgen Ponto in seinem Haus in Oberursel erschossen. Nach diesem Mißerfolg konzentriert sich die RAF auf Hanns-Martin Schleyer, beginnt aber auch, die Zusammenkünfte europäischer Minister in Brüssel und Luxemburg zu observieren.

Am 25. August findet ein Anschlag auf die Bundesanwaltschaft in Karlsruhe statt, der mißlingt.

Am 3. September gibt es in Wuppertal ein Treffen zwischen im Untergrund agierenden RAF-Mitgliedern, den Illegalen, und Helfern aus einem Rechtsanwaltsbüro in Stuttgart, den Legalen. Letztere überbringen ein Kassiber der Gefangenen in Stammheim.

Am 4. September treffen sich in Köln die Kommandomitglieder der Schleyer-Entführung. Dabei wird der Kassiber der Stammheimer RAF-Gefangenen vom Vortag vorgelesen, der die eindringliche Aufforderung an die Illegalen enthält, die Befreiungsaktion sofort durchzuführen. Die Gefangenen drohen damit, ihr Schicksal selbst in die Hand zu nehmen. (Von den Anwesenden wissen nur zwei Personen, darunter Peter-Jürgen Boock, daß die Stammheimer Häftlinge in ihren Zellen über Waffen verfügen.) Die Gruppe entscheidet sich daraufhin dafür, die Entführung bereits am folgenden Tag stattfinden zu lassen. Bei den Beratungen wird außerdem beschlossen, den Fahrer und die Polizeieskorte Schleyers »auszuschalten«, also zu erschießen.

Am 5. September gegen halb sechs Uhr am Nachmittag wird die Wagenkolonne des Arbeitgeberpräsidenten Hanns-Martin Schleyer kurz nach der Einfahrt in die Vincenz-Statz-Straße in Köln durch einen plötzlich auf die Fahrbahn schießenden gelben Mercedes gestoppt. Der Wagen mit der Polizeieskorte fährt auf Schleyers Dienstwagen auf. Vier junge Leute – zwei aus dem Rammfahrzeug, die übrigen bis dahin als Pärchen mit einem Kinderwagen getarnt – eröffnen das Feuer auf den Fahrer Marcisz und die Polizeibeamten Brändle, Pieler und Ulmer ohne Vorwarnung. Alle vier sterben am Tatort.

Am Morgen des 6. September wird der entführte Hanns-Martin Schleyer, der bis dahin narkotisiert im Kofferraum des zweiten Fluchtwagens in einer Tiefgarage liegt, in die Kommandowohnung in Erftstadt-Liblar bei Köln gebracht.
Die Bundesregierung unter Kanzler Helmut Schmidt beruft ein Beratungsgremium, den sogenannten »Großen Krisenstab« ein. Man beschließt die »harte Linie«: Schleyer soll nicht ausgetauscht und die Verhandlungen mit den Entführern in der Hoffnung auf Fahndungserfolge möglichst lange hingezogen werden. Die RAF schickt daraufhin Video-Aufnahmen mit dem gefangenen Hanns-Martin Schleyer an verschiedene Empfänger (Presse, Rundfunk, hochrangige Freunde Schleyers u. a.), um den öffentlichen Druck auf die Regierung zu erhöhen.

Nach sechs Tagen in Erftstadt-Liblar wird Hanns-Martin Schleyer nachts über die Grenze nach Holland und am folgenden Tag in ein Haus in der Stevenstraat in Den Haag gebracht.

Etwa drei Wochen nach Beginn der Entführung entscheidet die RAF-Führungsgruppe, daß alle nicht in Europa benötigten Mitglieder sich in den Nahen Osten absetzen sollen und daß Hanns-Martin Schleyer von Den Haag über die belgische Grenze in eine Hochhauswohnung in Brüssel gebracht werden soll. Peter-Jürgen Boock reist mit anderen nach Bagdad. Dort bietet ihnen der Chef eines Spezialkommandos der »Volksfront zur Befreiung Palästinas« (PFLP) eine »Unterstützungsaktion« an, die Entführung einer Lufthansa-Maschine.
Zwei Tage später stimmt die RAF nach Absprache mit den in Europa verbliebenen Kommando-Mitgliedern der »Unterstützungsaktion« zu. Da diese von den Palästinensern bereits vorbereitet ist, wird die Lufthansa-Maschine LANDSHUT schon kurz darauf (am **13. Oktober 1977)** von einem palästinensischen Kommando entführt.
Am 14. Oktober werden aufeinander Bezug nehmende Erklärungen der RAF und der PFLP zu der Entführung der LANDSHUT der Presse zugespielt. Über die Forderungen der RAF hinaus verlangt die PFLP die Freilassung mehrerer in der Türkei Inhaftierter und eine hohe Geldsumme, die von einem Sohn Hanns-Martin Schleyers überbracht werden soll.
Die Bundesregierung beauftragt eine GSG 9-Einheit damit, die LANDSHUT zu verfolgen. Sie soll gegebenenfalls die Maschine stürmen, das palästinensische Kommando kampfunfähig machen und Passagiere wie Besatzung befreien.
Am 15. Oktober wird durch Intervention der Bundesregierung und des BKA die Übergabe eines Lösegeldes durch den Sohn Schleyers verhindert.

Am 16. Oktober landet die Lufthansa-Maschine in Aden, der Hauptstadt des Südjemen, wo die Entführer auf Unterstützung durch Regierung und PFLP-Mitglieder hoffen. Auf Bitten der Bundesregierung verweigert die jemenitische Regierung jedoch die Aufnahme und verlangt den Weiterflug der LANDSHUT. Bevor es dazu kommt, töten die Entführer den Piloten Jürgen Schumann.

Am 17. Oktober landet die LANDSHUT in Mogadischu, Somalia. In Absprache mit der somalischen Regierung wird den Entführern glaubhaft gemacht, ein Austausch der Passagiere gegen freigepreßte Gefangene der RAF stünde unmittelbar bevor. Gleichzeitig bereitet die GSG 9 den Sturm auf die Maschine vor. Gegen 0.05 Uhr mitteleuropäischer Zeit ist es dann soweit: Das Flugzeug wird erfolgreich gestürmt. Dabei werden alle Passagiere befreit und die Geiselnehmer bis auf eine Palästinenserin erschossen.

In Stuttgart-Stammheim begehen in der Nacht **vom 17. auf den 18. Oktober 1977** die inhaftierten RAF-Mitglieder Andreas Baader, Gudrun Ensslin und Jan-Carl Raspe Selbstmord. Die ebenfalls dort einsitzende Irmgard Möller überlebt schwer verletzt.

Am 18. Oktober wird von den in Bagdad und Brüssel befindlichen Mitgliedern des »Kommandos Siegfried Hausner« einstimmig beschlossen, Hanns-Martin Schleyer zu erschießen.

Am 19. Oktober 1977 früh morgens wird in einem Waldstück kurz hinter der belgisch-französischen Grenze Hanns-Martin Schleyer mit drei Schüssen in den Kopf getötet. Nachmittags geht der französischen Zeitung Libération das letzte Kommuniqué der RAF zu, in dem sie Hanns-Martin Schleyers Ermordung bekanntgibt.
Nach Erkenntnissen der Bundesanwaltschaft und den Urteilen der damit befaßten Strafsenate der Oberlandesgerichte waren folgende Personen an der Entführung Hanns-Martin Schleyers unmittelbar und als Haupttäter beteiligt:
Peter-Jürgen Boock, Rolf Heissler, Sieglinde Hofmann, Christian Klar, Brigitte Mohnhaupt, Adelheid Schulz, Willy-Peter Stoll, Rolf-Clemens Wagner und Stefan Wisniewski. Alle Vorgenannten – bis auf den bereits 1977 bei seiner Verhaftung erschossenen Willy-Peter Stoll – wurden Ende der siebziger bis Mitte der achtziger Jahre festgenommen und zu lebenslanger Haft verurteilt.

Für Anregung, Kritik, Unterstützung und viel Geduld mit mir möchte ich mich bei den folgenden Personen bedanken, ohne deren Hilfe dieses Buch nicht zustande gekommen wäre:

Stefan Aust, Gerhard-Rudolf Baum, Pamela Biermann, Wolfgang Ferchl, Gunther Latsch, Palma Müller-Scherf, Corinna Zimber.

Einen besonderen Dank an meine Frau, die Wochen mit mir in der Achterbahn verbrachte.